D1702828

Horst Hinrichsen
Kräder der Wehrmacht 1935–1945

© Podzun-Pallas-Verlag GmbH, Wölfersheim-Berstadt
Genehmigte Lizenzausgabe für „Edition DÖRFLER" im
NEBEL VERLAG GmbH

Alle Rechte vorbehalten.
Kein Teil des Werkes darf in irgendeiner Form (durch Fotokopie,
Mikrofilm oder ein ähnliches Verfahren) ohne die schriftliche
Genehmigung des Verlages reproduziert oder unter Verwendung
elektronischer Systeme verarbeitet, vervielfältigt oder verbreitet
werden.

2 3 4 5   5 4 3 2 1

Horst Hinrichsen

Kräder der Wehrmacht 1935–1945

Deutsche und erbeutete Solo- und Beiwagenmaschinen im Einsatz und als Modell

Auch die Alliierten versahen ihr Kriegsgerät auf den südlichen Kriegsschauplätzen mit einem gelbbraunen Anstrich. Hier das Modell Harley Davidson WLA 45 in einer sandfarbenen Lackierung.

INHALT

Ein Wort zuvor	7
Kräder der Wehrmacht	8
Die Ausbildung der Kradfahrer	14
Der Hut, der Tisch und der Besen	16
Das Hohelied des deutschen Kradfahrers in Afrika	17
Ehre ihrem Andenken	19
Das Kraftfahrbewährungsabzeichen	21
Der Farbanstrich	24
Für den Sammler	187
Militärmotorräder im Modell	
Danke!	188
Quellennachweis	188

Das BMW R 75-Modell in der sogenannten »Afrika-Lackierung«. In der Heeresmitteilung 1943, Nr. 181, wurde verfügt, daß das militärische Großgerät auf allen Kriegsschauplätzen mit einem einheitlichen Anstrich in dunkelgelb zu versehen ist.

Ein Wort zuvor

Die militärischen Motorradfahrer — oder wie sie in der allgemein gebräuchlichen Umgangssprache genannt wurden: die Kradfahrer — führen bei der Aufbereitung des deutschen Heeres zwischen 1935 und 1945 ein Schattendasein. Sicherlich, wenn es um die Darstellung des militärischen Großgerätes aus jener Zeit geht, werden hier und dort auch gelegentlich die Kradfahrer mit ihren Solo- und Beiwagenmaschinen genannt.
Eine Ausnahme bilden die Kradschützen. Aber sie waren ja auch als Kampfeinheiten bildhafter zu beschreiben und darzustellen. Dagegen sind Aufnahmen mit Kradfahrern, z.B. als Kradmelder, nur wie vereinzelte Gänseblümchen auf einer großen Wiese anzutreffen. Das vorliegende Buch soll daher allen Kradfahrern mit ihren unterschiedlichen Maschinen und Einsatzaufgaben gewidmet sein. Dabei ist es unerheblich, ob es sich um den schlitzohrigen Fahrer des geländegängigen schweren Kradschützengespanns oder um den wehrpflichtigen Soldaten mit seiner ehemals privaten und nunmehr requirierten leichten Straßenmaschine handelt. Sie alle sollen nochmals in »Wort und Bild« vorgestellt werden. Es wurde bewußt auf eine langatmige chronologische Vorstellung aller Einsatzkräder mit ihren umfangreichen technischen Daten verzichtet. Hierüber sind ausreichende Spezialbände veröffentlicht worden.
Vielmehr sollen bunt durcheinander gewürfelte Einsatzfotos auch der Nachkriegsgeneration einen Einblick in den militärischen Alltag dieser modernen »Meldereiter« und »motorisierten Husaren« geben.
Das Buch enthält daher nicht nur zensierte Kriegsaufnahmen, die den verwegenen, nach vorn preschenden Kradfahrer auf seinem Motorrad zeigen. Auf vielen Aufnahmen aus Privatbesitz wird die Kameradschaft der Kradfahrer auch in anderen Situationen des militärischen Alltags dokumentiert. Da ist z.B. der Umtrunk der kleinen Kradmeldergruppe in hemdsärmeliger Bekleidung hinter der russischen Kate, die provisorische Feldinstandsetzung ihrer Kräder bei freiem Oberkörper, das kameradschaftliche Miteinander zwischen Vorgesetzten und Untergebenen, wenn es darum ging, das im Schlamm steckende Beiwagenkrad wieder flott zu machen oder aber nur das »stille« Erinnerungsfoto des Kradmelders mit seinem Krad, schwarz lackiert und mit goldfarbenen Zierstreifen versehen. So ließ er sich ein letztes Mal vor dem Elternhaus fotografieren. Kehrte er jemals zurück?
Ihnen allen, die ihre schönsten Jahre »im Sattel« verbringen mußten, ist dieses Buch gewidmet.

Hamburg, im Herbst 1993   Horst Hinrichsen

Kräder der Wehrmacht

»Das dem Infanterie-Regiment Nr. 122 zur Verfügung gestellte Motor-Fahrrad wurde während des Korps-Mannövers beim Divisionsstab verwendet. Rad und Fahrer haben sich in jeder Weise zuverlässig und leistungsfähig erwiesen«.

Dieses Loblied auf den ersten »Kradmelder« schrieb der Kommandeur der 28. Division im XII. Armee-Korps, Herzog Albrecht von Württemberg, am 25. September 1904 an die Neckarsulmer Fahrradwerke. Der Einzug von »stählernen« Rössern hatte mit Beginn der Kaisermanöver im Jahre 1904 seinen unaufhaltsamen Lauf genommen. Gefr. Wilhelm Kohler, später Leitender Oberingenieur bei NSU, war zu diesem Zeitpunkt der erste Motorradfahrer im Württembergsichen Heer.

Vater....

Gefr. Wilhelm Kohler (Jahrgang 1881) als Angehöriger des Württembergischen Heeres mit seinem 4 PS-NSU-Einzylinder-Motorrad im Jahre 1904. Die damaligen Neckarsulmer Fahrzeugwerke AG haben der 28. Division dieses Motorrad für ein Manöver leihweise zur Verfügung gestellt, damit die Offiziere den Wert einer solch schnellen Meldungs- und Befehlsübermittlung kennenlernen (und natürlich für entsprechende Lieferaufträge sorgen) sollten. Bis 1934 war Herr K. Leitender Oberingenieur bei den NSU-Werken und hat somit an der Entwicklung dieser weltberühmten Motorradmarke entscheidend mitgearbeitet.

Obgleich sich das Bild des Kradmelders von der Jahrhundertwende bis heute entschieden gewandelt hat, sind dennoch im Zeitalter der Mittel- und Langstreckenraketen und der Weltraumüberwachung mit modernsten Radar- und Elektroniksateliten die einfachen Soldaten auf ihren geländegängigen Stahlrössern ein Einsatzmittel, auf das kein militärischer Führer verzichten möchte.

Sowohl in der heutigen Bundeswehr als auch in der ehemaligen Wehrmacht nahm die Kradmelderausbildung eine besondere Stellung ein. Der Kradmelder ist Einzelkämpfer. Guter Orientierungssinn im unbekannten Gelände und die Fähigkeit, militärische Karten schnell und unmißverständlich lesen zu können, sind neben dem fahrerischen Geschick die Hauptforderungen an den Kradmelder. Ist es nicht selten der Kradmelder gewesen, der im entscheidenden Moment noch einen Befehl oder eine Meldung rechtzeitig überbringen konnte, weil andere Meldeeinrichtungen nicht zur Verfügung standen oder nicht funktionierten? Aber auch als Erkunder oder Verkehrsregler läßt sich der Kradmelder kurzfristig einsetzen. Unzählige kleine oder große Kampfeinheiten haben im nächtlichen Stellungswechsel unter Führung des Kradmelders ihren Einsatzort erreicht, weil er bei Tageslicht den entsprechenden Marschweg erkundet hat. Anders dagegen die Kradschützen. Sie bildeten regelrechte Kampftruppen und traten anfangs in Bataillonsstärke auf. Überwiegend für Aufklärungs-, Voraus-, Flanken-, Verbindungs-, Nachhut- und Handstreichaufgaben aller Art eingesetzt, erlangten diese »Husaren der Infanterie« jedoch als »schnellste erdgebundene Waffe« ihren eigentlichen Ruhm im direkten Kampf.

Waren es im Ersten Weltkrieg nur einige tausend Kräder, die zum Einsatz kamen, so stieg die Zahl mit Beginn des Zweiten Weltkrieges in die Zehntausende.

. . . .und Sohn

Panzerschütze Hans Kohler, Angehöriger des Jahrgangs 1914, von der 3. Kp. Pz. Rgt. 4 in Ohrdruf/Thüringen auf einer BMW R 4 im Jahre 1936. Das Pz.Rgt. 4 wurde in den Jahren 1935/36 auf dem Tr.Üb.Pl. Ohrdruf aufgestellt und später nach Schweinfurt bzw. Wien verlegt. Auch der Sohn und heutige Dr. H. Kohler des eingangs erwähnten W. Kohler war Mitte der 30er Jahre in den NSU-Werken tätig.

Mit Wiedereinführung der allgemeinen Wehrpflicht im Jahre 1936 sowie den Kriegsvorbereitungen ab 1938, ergab sich bereits ein großer Bedarf an militärischen Motorrädern, den die Industrie jedoch kurzfristig nicht decken konnte. Die Folge war, daß vorerst die sich im zivilen Bereich bewährten Motorräder verschiedener Typen für militärische Zwecke eingesetzt wurden. Allein die werksseitig gelieferten Motorräder umfaßten Modelle von BMW, Zündapp, Victoria, Triumph, NSU und DKW. Die Typenzahl der beschlagnahmten Motorräder läßt sich heute nicht mehr feststellen. Ja, selbst Beutemaschinen des Gegners aus den ersten Kriegstagen wurden umgespritzt und für eigene Zwecke genutzt.
Um sich einmal die Typenvielfalt der ab 1935 eingesetzten Motorräder im deutschen Heer vor Augen zu führen, hier eine Übersicht, die jedoch keinen Anspruch auf Vollständigkeit erhebt. Viele requirierte Kräder wurden statistisch nicht erfaßt:

BMW R 4	Zündapp DB 200	NSU Pony 100	DKW RT 125
BMW R 12	Zündapp K 500 W	NSU 201 ZDB	DKW NZ 350
BMW R 23	Zündapp KS 600 W	NSU 251 OSL	Triumph BD 250/1
BMW R 35	Zündapp K 800 W	NSU 351 OSL	Triumph S 350
BMW R 75	Zündapp KS 750	NSU 501 OSL	Victoria KR 35 WH
		NSU 601 OSL	Victoria K 6
		NSU 501 TS	
		NSU 601 TS	

Insgesamt belief sich die Motorradproduktion des Deutschen Reiches allein im Jahre 1938 auf 200 000 Maschinen. Hierbei handelte es sich nach wie vor um keine speziellen Militärmotorräder, sondern um solche aus der zivilen Serienproduktion. In der Grundausstattung wurden diese Motorräder lediglich mit groben Profilreifen, Packtaschen und entsprechender Wehrmachtslackierung ausgestattet.
Im Rahmen der allgemeinen Mobilmachung sowie im weiteren Kriegsverlauf wurden zusätzlich alle sich im privaten Besitz befindlichen Motorräder beschlagnahmt, umgespritzt und der Wehrmacht für den Kriegseinsatz zugeführt. Fachkundige Personen aus der Motorradbranche wurden als sogenannte »Schätzer« einberufen. Ihre Aufgabe bestand darin, den Wert der beschlagnahmten Motorrädern in Reichsmark festzustellen, damit die Eigentümer, die ihr gutes Stück abgeben mußten, entschädigt werden konnten. Die daraus resultierende Typenvielfalt brachte die Kradausstattung im deutschen Heer fast zum Erliegen, da aufgrund der verschiedenartigen Modelle weder rechtzeitig noch ausreichend Ersatzteile beschafft werden konnten.

Im Rahmen der Mobilmachung für den ab 1.9.1939 beginnenden Zweiten Weltkrieg wurden alle zivilen Motorräder beschlagnahmt und für militärische Zwecke eingesetzt. Hierfür wurden anerkannte Fachleute aus der Motorradbranche als »Schätzer« einberufen, deren Aufgabe es war, die beschlagnahmten Kräder in Reichsmark zu schätzen, damit die Besitzer entschädigt werden konnten. Diese Tätigkeit wurde als »Übung« bezeichnet. Oftmals wurden Besitzer und Motorrad zusammen eingezogen. Im vorliegenden Fall wurde zu dieser Tätigkeit der bereits genannte Oberingenieur W. Kohler herangezogen. Interessant ist das Datum der Einberufung. Offensichtlich mußte man bereits vor Ausbruch des 2. Weltkrieges auf zivile Motorräder zurückgreifen.

Diese Kräder erfüllten auch so lange ihren Zweck, wie sie auf einigermaßen befestigten Straßen- bzw. Geländeabschnitten eingesetzt wurden. Als Beispiel sei hier aus einigen Feldpostbriefen von Kradmeldern zitiert, die in den ersten Kriegsjahren an ihre ehemalige Firma, die NSU-Werke, über ihre Erfahrungen mit den Krädern folgendes schrieben:

».... Am 21. September waren es 5 Jahre, daß ich dieselbe in Ihrer Filiale Stuttgart, der ich seit August 1939 als Monteur angehörte, neu gekauft habe. Seit Ende August bin ich mit der Maschine zur Wehrmacht eingezogen, die ich seither immer selbst gefahren habe. Während der 4 Jahre privaten Fahrens lief die Maschine zu meiner vollsten Zufriedenheit, ebenso auch jetzt, seit ich mit ihr eingezogen wurde. Ich habe in diesem Jahr immerhin 20 000 km damit gefahren. Zuerst im Polenfeldzug, dann während der Verwendung im Operationsgebiet der Westfront und beim Einsatz in Frankreich. Beim Feldzug in Frankreich bin ich etwa 7 000 km gefahren. . . . Nach Möglichkeit will ich die Maschine nach Beendigung des uns aufgezwungenen Kampfes wieder zurückkaufen.«

».... Alle unsere Fahrzeuge, und besonders unsere NSU-Maschinen, haben die Marschtage ohne den geringsten Ausfall überstanden, obwohl bei uns nicht sehr geschont wird. Ich bin stolz darauf, daß gerade meine Firma so gut abgeschnitten hat. . . .«

»... Hier bin ich nun als Kradfahrer eingesetzt. In Frankreich hatten wir auch Kräder und dabei war auch eine NSU 251 OSL-Maschine. . . .«

».... In unseren freien Stunden wird oft von der Güte und Zuverlässigkeit von unseren guten NSU-Maschinen gesprochen. Ein Badener meinte: Ich habe schon drei Motorräder gehabt, aber so eine schnittige Maschine wie meine 500er NSU habe ich noch nicht besessen. . . .«

».... Ich bin hier als Funker eingesetzt und habe das Glück gehabt, in dem großen Siegeszug durch Holland, Belgien, Flandern mitzumachen. Heute stehen wir nun einige Kilometer vor Paris. Die zuverlässigen NSU-Kräder, die wir in der Funkkompanie besitzen, haben bei diesem schnellen Vormarsch den besten Beweis für die Qualität Ihrer Erzeugnisse geliefert. . . .«

».... Für mich ist es eine besondere Freude, daß wir in unserem Meldezug nur NSU-Maschinen fahren. . . .«

Dagegen zeichnete sich die Unzulänglichkeit dieser Maschinen bereits bei fortschreitendem Kriegsverlauf im Rußlandfeldzug sowie auf dem nordafrikanischen Kriegsschauplatz ab. Insbesondere die Witterungseinflüsse in den Weiten Rußlands bzw. die Sandstürme in Nordafrika bildeten unüberwindbare Hindernisse für die Motorräder mit ihrer eingeschränkten Geländetauglichkeit. Hinzu kam, daß die Vielzahl der Typen die Krad-Ausstattung vollends unübersichtlich machte. Es mangelte an den erforderlichen Ersatzteilen an allen Fronten.
Diese Lage besserte sich erst ab Mitte 1941, als die von BMW und Zündapp speziell für den Kriegseinsatz konzipierten Kräder BMW R 75 und Zündapp KS 750 an die Truppe ausgeliefert wurden, auch nur geringfügig. Mit ca. 26 PS zählten sie zu den schweren Krädern. Fußrastenheizung für den Einsatz im Osten, Zusatzluftfilter für den Afrikaeinsatz sowie Gelände- und Rückwärtsgänge waren nur einige Besonderheiten dieser Kriegsmotorräder. Im Gegensatz zu den Straßenmotorrädern der Erstausstattung verfügten diese Maschinen auch über eine entsprechende Bodenfreiheit. Diese Kräder haben sich grundsätzlich auch bis Kriegsende im Einsatz bewährt. Dennoch muß gesagt werden, daß die Konstrukteure bei BMW und Zündapp mit derartigen Wetter- und Geländeverhältnissen, wie der Landser sie im Osten antraf, sicherlich nicht gerechnet hatten. Das beweist auch der Erlebnisbericht, den ein BMW-Konstrukteur in dem Buch »BMW — Eine deutsche Geschichte« wiedergegeben hat. An diese sonderbarste Reise erinnert sich der Konstrukteur so:

».... während wir in Tagesetappen, es wurde in Zelten in der Steppe übernachtet, dem Frontverlauf folgten.... Wir waren über den Don gegangen und dann Richtung Stalingrad, wobei wir die Feldwerkstätten, die unter primitivsten Verhältnissen direkt hinter der Frontlinie arbeiteten, aufsuchten, dort die Maschinen unter die Lupe nahmen und über die Erfahrungen der Truppe berichtet bekamen. Meine Meinung war richtig. Die Maschinen gingen unter dem flüssigen Schlamm, der sich eimerweise über den Motor ergoß und in den tiefliegenden Luftfilter gesaugt wurde, kaputt — der Schlamm kam in den Motor, oft hatten die Ölwannen nicht mehr Öl, nur mehr Sand. Und ebenso ging es den Vorderradgabeln, die noch nicht durch Gummimanschetten geschützt waren. Es war tatsächlich so, daß auf dem kurzen Weg vom Ausladeort (Charkow) bis zur Front, auf etwa 200 Kilometern, bei schlechtem Wetter die Maschinen schon hin waren und nicht mehr eingesetzt werden konnten. Kein Mensch hat sie zurückgebracht, die Feldwerkstätten hatten keinerlei Ersatzteile, während in Charkow ein riesiges Ersatzteillager war, das keine Teile herausgab. Man sah überhaupt den enormen Unterschied zwischen den Landsern draußen an der Front und den Etappenleuten, die richtige Bürokraten waren, während die Truppe versucht hat, aus zehn kaputten Maschinen eine ganze zu bauen. — Wir sind dann bis nach Sety, zwanzig Kilometer vor Stalingrad, gekommen — es hieß damals noch: Stalingrad einzunehmen wäre ein Klacks, eigentlich sei dies bedeutungslos; die Wolga sei ja erreicht! — und sind von dort quer durch die Kalmückensteppe in den Kaukasus gefahren, oder darauf zu. Außer Reifendefekten gab es keine Probleme.... Im Kaukasus verlief die Front am Terek. Von dort sind wir dann zurück über Rostow, ans Asowsche Meer, und in Mariopol wieder verladen worden....
An meiner Maschine hatte sich der neue hochliegende, auf dem Tank aufgeschraubte Luftfilter einwandfrei bewährt. Doch kamen die Verbesserungen — obwohl wir Tag und Nacht daran arbeiteten und die Serie sofort änderten — für Rußland nicht mehr zum Tragen. Stalingrad hatte alles verändert.
Alle Maschinen, die in den Osten gingen, blieben verschollen, jedenfalls hörte man nichts mehr. Aus Afrika erhielten wir gute Berichte. Im Wüstenstaub bewährte sich die neue BMW R 75 sehr... Schlimmer als Staub war der flüssige Schlamm. Ich erlebte einen Regentag — fürchterlich. Der Lehm war so dick, daß es die Räder in den Schutzblechen festgeklemmt hat.«

Der später eingeführte VW-Kübelwagen (ab 1941) oder aber das NSU-Kettenkrad waren keine Konkurrenz, soweit es die Manövrierfähigkeit und die Fahreigenschaften in schwerem Gelände betraf. Allerdings bestanden bei den damaligen Fahrern dieser Fahrzeuge hierüber unterschiedliche Auffassungen.
Versehen mit einem eigenen Kardanwellenantrieb für die Beiwagen, bildeten beide Kräder nunmehr das Rückgrat in der bereits ab 1935 aufgestellten Kradschützentruppe. BMW produzierte insgesamt 16 500 Gespann-Maschinen des Typs BMW R 75 während sich die Stückzahl bei Zündapp vom Typ KS 750 auf 18 635 belief. »Kriegselefanten« wurden diese Maschinen in den Nachkriegsjahren genannt. Gerade die Beiwagengespanne haben motorradgeschichtlich den Zweiten Weltkrieg angekündigt.

In vielen überwiegend europäischen Armeen ging man bereits Anfang der 30er Jahre dazu über, mit Beiwagenkrädern Teile der Infanterie im Gelände beweglicher zu machen. Gespanne von Gnome & Rhone aus Frankreich, FN aus Belgien, Norton aus England, Moto Guzzi und Gilera aus Italien sowie Harley Davidson aus den USA waren später die berühmtesten auf den europäischen Kriegsschauplätzen. Auch in Deutschland begann man zu diesem Zeitpunkt, aufgesessene Infanterie-Einheiten auf Motorrad-Gespanne in das Heer zu integrieren. Mit Einführung der allgemeinen Wehrpflicht wurde dann in der deutschen Wehrmacht ab Oktober 1935 eigens eine Kradschützentruppe aufgestellt. Es war die Absicht der Militärführung, auf jedem Beiwagenkrad drei vollausgerüstete Soldaten in kürzester Zeit in vorderster Front in Stellung zu bringen. In den Blitzkriegen gegen Polen und Frankreich haben sich diese Kradschützenbataillone dank ihrer intensiven Geländeausbildung mit den Krädern noch voll bewährt. In der harten Realität des weiteren Kriegsgeschehens erfüllten sie ihr Einsatzziel jedoch nicht in dem erwünschten Maße — die Verluste an Mensch und Material, insbesondere im Rußlandfeldzug, waren zu hoch — so daß die Kradschützentruppe bereits während des Krieges wieder aufgelöst wurde. Die Kradschützen wurden größtenteils den Aufklärungsabteilungen zugeordnet. Dagegen erfreuten sich die schweren Beiwagenkräder von BMW und Zündapp bei den eigentlichen Kradmeldern größter Beliebtheit. Waren sie doch eine Alternative zu den oftmals leichten Krädern aus der Erstausstattung, die sehr oft im unwegsamen Gelände steckenblieben. Viele kleine Episoden aus dem Kriegsalltag wissen die Fahrer dieser beiden Kräder BMW R 75 und Zündapp KS 750 zu berichten. So versah man im morastigen Gelände die Antriebsräder mit Schneeketten, stellte die Vergasereinstellung etwas höher ein und schon zog sich das Beiwagenkrad in gleichmäßigem Tempo durch »Dick und Dünn« wieder auf festen Untergrund. Der Vorteil dieses Tricks lag darin, daß im feindlichen Gelände keine unnötigen Geräusche durch den ansonsten aufheulenden Motor verursacht wurden.

Die nachfolgenden Dokumentaraufnahmen sollen Zeugnis vom Einsatz deutscher Kräder und ihrer Fahrer in der Zeit von 1935 bis 1945 abgeben. Bleibt zu hoffen, daß sich derartige Bilder nicht wiederholen und somit als einmalige Dokumente der Nachwelt erhalten bleiben. Werks- und Modellaufnahmen sollen zur besseren Identifizierung der oftmals bis zur Unkenntlichkeit verschmutzten Kräder auf den Dokumentaraufnahmen beitragen.

Die Ausbildung der Kradfahrer

Die Ausbildung der Kradfahrer erfolgte sowohl bei der Wehrmacht als auch im Rahmen der vormilitärischen Ausbildung an den Motorsportschulen. Diese waren eine Einrichtung der NSDAP, die hier überwiegend ihre Fahrer für die SA ausbildete. Die Fahrschulen wurden als NSKK- (National-Sozialistische-Kraftfahr-Korps) Motorsportschulen bezeichnet. Nun mußte beileibe nicht jeder Fahrschüler Mitglied der NSDAP sein, um an diesen Schulen die Kraftfahrausbildung zu absolvieren. Oftmals bestanden Absprachen zwischen der Partei und der Wehrmacht, die eine Krad-Fahrschulausbildung an einer der NSKK-Motorsportschulen regelten. Diese vormilitärische Ausbildung war insbesondere zu der Zeit erforderlich, als noch keine Wehrpflicht bestand und die freiwillige Militärdienstzeit nur 12 Monate betrug. Diese Zeit reichte bei weitem nicht aus, um zum Beispiel in einer Panzer-Aufklärungsabteilung die erforderlichen Führerscheine für alle Rad- und Kettenfahrzeuge zu erwerben. Daher der »Ausbildungs-Vorspann« bei einer NSKK-Motorsportschule.
Mit der Einführung der zweijährigen allgemeinen Wehrpflicht wurde die Fahrschulausbildung vermehrt in der Truppe durchgeführt. Hierfür standen in der Regel ausgebildete Fahrlehrer aus dem Unteroffizier-Korps zur Verfügung. Die Ausbildung war bewußt sehr hart, hat aber gerade deshalb später im Einsatz vielen Kradfahrern das Leben gerettet.
Nach der allgemeinen Fahrausbildung auf befestigten Straßen, folgte die Ausbildung im Gelände. Hierfür standen zum Teil besonders ausgesuchte Geländeabschnitte zur Verfügung, die das ganze Können eines Fahrschülers herausforderten. Durchwaten von Gewässern, fahren am Steilhang oder das Überwinden von Schlamm- oder Sumpfgelände waren nur einige der Schwierigkeiten, die der Fahrschüler beherrschen mußte. Sowohl auf den Solokrädern als auch auf den schweren Beiwagengespannen war eine intensive, drillmäßige Geländeausbildung erforderlich, um die Maschinen sicher zu beherrschen. Gerade die schweren Fahrschulkräder von BMW und Zündapp waren im Gelände nicht einfach zu handhaben. So mancher Fahrschüler, der seine Maschine nicht mehr halten konnte und »zu Boden ging«, hatte Schwierigkeiten, sein Krad wieder aufzurichten. Zudem beherrschte nicht jeder Fahrschüler, der bereits im Zivilleben eine Solomaschine gefahren hatte, nunmehr auf Anhieb das unsymetrische Beiwagengespann.
Insbesondere müssen hier die Kradschützen genannt werden. Fälschlicherweise wurden und werden auch heute noch alle Kradfahrer, die einen Karabiner geschultert haben, als Kradschützen bezeichnet. Dem ist nicht so. Die Kradschützen waren eine spezielle Einsatztruppe, die mit ihren Fahrzeugen, den Beiwagenkrädern, im direkten Kampf eingesetzt wurden. Sie trugen als äußerliches Erkennungszeichen auf ihren Beiwagenkrädern als taktisches Zeichen das stilisierte Rad mit dem stilisierten quergestellten Lenkrad.

In der Kradschützen-Kompanie wurden mindestens 70 % der Soldaten zu Fahrern ausgebildet, um bei längeren Kfz.-Märschen die Kradfahrer auswechseln zu können. Für die Kradschützenausbildung vor Beginn des Zweiten Weltkrieges mangelte es an gut fundierten Ausbildungsvorschriften. Sie entstanden erst nach und nach aufgrund der Lehrtruppen und der gesammelten Erfahrungen aus den ersten Kriegsjahren. So war zwar eine Kradschützenvorschrift mit bildlichen Beispielen für die Geländeausbildung der Kradbesetzung vorhanden, sie kam jedoch über den Stand der Vorläufigkeit nicht hinaus. Lediglich eine Lehr- und Versuchsabteilung für die Ausbildung von Kradschützen wurde 1937 in Döberitz eingerichtet. Diese wurden 1938 nach Krampenitz verlegt und dort zur Kavallerieschule ausgebaut. Die nachfolgenden Aufnahmen sollen einen kleinen Überblick über die praktische Ausbildung der Kradfahrschüler, einschließlich der Kradschützen, geben.

Die Abkürzung **OSL** kennzeichnete in den Kriegs- und Vorkriegsjahren bestimmte Motorradtypen von NSU und bedeutete: **O**bengesteuertes **S**portmodell **L**uxusversion. Die wohl bekanntesten NSU-Typen waren die 351 OSL, die 501 OSL und die 601 OSL. Alle drei Typen waren in der Wehrmacht in großer Zahl im Einsatz und finden sich somit auf den Aufnahmen wieder.

Stefan Knittel, bekannter Motorradjournalist, hat sich eine andere Definition einfallen lassen:

Ottos **S**chöne **L**iebhaberei *

Immer wieder sind es gerade die früher weit verbreiteten Motorradtypen, die nur selten in die Hand von Oldtimerfreunden geraten. Das liegt zum Teil daran, daß sie noch Jahre später einfach übersehen wurden, weil sich die meisten Leute gut an das alltägliche Modell erinnern konnten und es nicht als Rarität betrachteten. Andererseits wurden aber gerade die gebräuchlichen Fahrzeuge nach ihren ersten Jahren nicht mehr gehegt und gepflegt. Nach dem Gebrauch wurden sie nicht in den Schuppen gestellt, sondern schlicht weggeworfen oder dem Alteisenhändler mitgegeben.

Otto Cordes aus Nordermoor in der Wesermarsch nördlich von Bremen hatte als Mechanikermeister beruflich viel mit Landmaschinen und Nutzfahrzeugen zu tun. In der Freizeit widmete er sich schon vor über zwanzig Jahren deutschen Motorrädern aus den dreißiger Jahren. Er konnte einfach nicht zusehen, wenn sportliche Viertaktmodelle, die einst so gefragt waren, nun einfach vor sich hin rosteten. Er hatte schon viel Übung darin, eines nach dem anderen wieder in den Neuzustand zu versetzen. Und viel Spaß bereitete es ihm auch. Schon das Betrachten der fertigen Maschine freute ihn nachher stets immens, Spritztouren verachtete er aber auch nicht.

In Bremen bekam er etwa 1979 eine 350er NSU angeboten. Diese 351er OSL aus dem Jahr 1938 (Rahmennummer 1 102 311) mit dem Alu-Kopf war zwar nicht mehr komplett, aber mit Spenglerarbeiten kannte sich Otto Cordes ja auch aus. Ein Glücksfall war noch im gleichen Jahr ein Fund in Hamburg: die zweite 351 OSL, diesmal Baujahr 1935 (Rahmennummer 886 162). Nun hatte er also die beiden typischen Modelle, einmal mit offenem und einmal mit gekapselten Zylinderkopf. Da die ältere eine frühere 1935er Maschine ist, werden die Ventile dort noch von Schraubenfedern in ihren Sitzen gehalten.

Die hochgelegene Auspuffanlage an der früheren NSU war ein weiterer reizvoller Unterschied. Beim Fototermin erinnerte sich Otto Cordes daran, daß er eigentlich schon längst die fehlenden gelochten Hitzeschutzbleche auf den Schalldämpfern und am Rohrknick nachbauen wollte.

Beide Motorräder hat er schon lange nicht mehr gefahren. Ihm ist aber deutlich im Gedächtnis geblieben, wie spurtreu sie mit dem langen Radstand liefen, und daß sie trotzdem spielerisches Handling boten. Das relativ hohe Gewicht fiel nie negativ auf, die 350er Motoren sind so spritzig, wie es bei einer Sportmaschine aus einem Werk mit einem derartigem Renn-Background zu erwarten war. Beim Gespräch über die Motorräder bekam Otto Cordes gleich wieder Lust, ein paar Runden zu drehen. Batterie einbauen, Luftdruck in den Reifen überprüfen, frisches Öl auffüllen, Kraftstoff in den Tank, und los geht's.

* aus Motorrad Classic, Heft 2/93

»Der Hut, der Tisch und der Besen«

Eine lustige Kraftradwette aus der Zeit des Ersten Weltkrieges

Vor etwa drei Jahren befragte ich einmal
einen Herrn, den man öfter als Fachmann empfahl,
ob nach seiner Meinung das Motorrad
in diesem Krieg eine Zukunft hat.
Erst sah mich der gern orakelnde Mann
überlegen lächelnd mit Amtsmine an.
Dann sprach er nach kurzem Bedenken:
»Ein Jährchen will ich ihm schenken,
doch wissen Sie, wenn sie verstrichen, die Frist,
und nicht jedes Kraftrad Alteisen ist,
dann freß ich ohn' Federlesen
einen Hut, einen Tisch, einen Besen.«

Ich hab natürlich darüber gelacht,
habe gar nichts gefragt und im stillen gedacht:
vielleicht kommen doch noch die Zeiten,
wo ich kann ein Prunkmal bereiten,
das du in kleingläub'ger Stunde
dir selber geredet zu Munde.

Im Osten erging es den Kraftradlern schlecht.
Oft hab ich geglaubt, der Prophet hätte recht
sah ich einen Kraftradler schieben,
der im Straßendreck stecken geblieben.
Und als ich vor Riga den Herrn wiedersah,
stand gerade ein ratloser Kraftradler da
mit unbeweglichem Rade.
Er sprach: »Ihr Glaube ist eitler Wahn,
Verlaß ist nur auf die Eisenbahn
und auf ein Reitpferd, ich bitte,
denn der da ist heut' schon der dritte«.

So habe ich oft noch Kraftradler geschaut,
denen untreu geworden die ratternde Braut.
Doch wandte sich alles zum Besten,
nach dem großen Zug nach dem Westen.
Auf der ebenen Straße ging alles famos,
das Kraftrad bewährte sich ganz tadellos.
Und ich sah selbst im strömenden Regen,
die Räder sich rattern sich bewegen.
Das Hinterrad glitt zwar nach rechts und nach links,
doch mit der zweiten Geschwindigkeit ging's
in unverminderter Schnelle
durch des Straßendrecks spritzende Welle.

Ich dachte sehr oft, und ich muß sagen gern
an den Hut, Tisch und Besen verzehrenden Herrn
sah ich die Krafträder flitzen
gleich auf Kugeln gelagerten Blitzen.
Da lief mir im Frühjahr beim Marsch durch La Fere
nach mehr als drei Jahren der Prophet in die Quer,
gerade als auf sein schlüpfriger Spur,
eine Kraftrad-Abteilung das Städtchen durchfuhr.

Ich wies auf die Kraftler und sagte kein Wort,
er sah mich dumm an, doch verstand mich sofort.
Die Lage war ihm etwas peinlich,
darum suchte er augenscheinlich
nach Worten zu seiner Befreiung
und aus den Pflichten der Prophezeiung.
Ich holte aus einem zerschossenen Haus
einen Hut, einen Tisch, einen Besen heraus
und servierte das festliche Essen,
das er zu verzehr'n sich vermessen,
wenn nach auf ein Jährchen bemessener Frist,
nicht jedes Kraftrad Alteisen ist.

Wie Sherlock bestand ich auf meinen Schein,
er sah auch den Irrtum ganz reumütig ein
und machte ein furchtbar dummes Gesicht —
doch gefressen hat er die Sachen nicht!

Ein Kriegsberichter verfaßte 1941
Das Hohelied des deutschen Kradfahrers in Afrika

Dreckig, über und über mit Staub bedeckt, verschwitzt, die Ärmel des staubüberzogenen Hemdes hochgekrempelt, so steht ein Kradmelder vor dem Kommandeur und gibt seine Meldung ab. Zehn Kilometer nur war der Weg, den er zurückgelegt hat. Siebzehn mal blieb er im Sand der Wüste stecken. Mit Aufbietung der letzten Kraft, beinahe schon verzweifelt, hat er seine »Mühle« wieder flott gemacht. Beinahe zwei Stunden hat er für die zehn Kilometer gebraucht. Aber er hat es geschafft, weil er es schaffen mußte. Das Leben vieler Kameraden hing von ihm allein ab.
Viele der Männer am Steuer der Personen- und Lastkraftwagen, der Panzer und der Panzerspähwagen, der Krafträder und Zugmaschinen haben die Feldzüge in Polen, Norwegen, Holland, Belgien oder Frankreich mitgemacht, doch niemals sahen sie sich solchen Schwierigkeiten gegenüber wie hier in Afrika. Mit seiner Hitze, dem Sandsturm und dem Sand überhaupt, zerklüftetem Gelände und Staub in nie gekanntem Ausmaß, das alles wirkt nicht nur auf das Material und den Motor ein, sondern gleichzeitig auch auf den Menschen selbst. Hier gibt es kein Straßennetz, und die Fahrten sind daher zu neunzig Prozent Wüstenfahrten, die mit europäischen Geländefahrten nicht zu vergleichen sind. Alle diese nachteiligen Faktoren wirken auf Mensch und Material zusammen ein. Die Natur verbindet sich mit dem Feind.

Die körperlichen Anstrengungen sind allein schon gewaltig. Unbarmherzig rennt die Sonne immerzu, und doch darf es keine Müdigkeit geben. Immer wieder heißt es: schieben, entweder beim eigenen Fahrzeug oder beim Kameraden. Ganz übel haben es da die Fahrer der Solo- und Beiwagenmaschinen, deren Fahrten in den Geröllfeldern Bocksprüngen gleichen und in der reinen Sandwüste aus abwechselndem Steckenbleiben, Schieben und meterweisem Vorwärtsdringen bestehen.
Vielleicht glaubt der oder jener, das sei übertrieben. Leider nicht! Fragt sie einmal, die Kradfahrer, die schon manches Mal neben ihrem Krad gesessen haben, völlig verzweifelt, seelisch und körperlich entkräftet, nicht mehr fähig, das Krad aus der Umklammerung des Sandes zu befreien. Fragt sie einmal, was es heißt: Kradfahren in der Wüste! Sie sagen nicht viel, aber ihr Blick spricht Bände. Es ist keine Schande zu bekennen, daß mancher von ihnen oft nicht mehr geglaubt hat, dieser Wüste zu entrinnen. Aber Kameradenhände haben immer wieder geholfen und Kameradenworte aufgerichtet. Dann ging es wieder.
Genau so schwer, wie das Fahren in der Wüste ist auch das Orientieren. Bei Tage schon ist es schwer, bei Nacht beinahe unmöglich. Ohne Kompaß und Karte ist es beinahe unmöglich, sich zurechtzufinden, denn es gibt kaum Anhaltspunkte, nach denen man sich orientieren kann. Eine der wenigen Hilfen sind die Spuren im Sand, die man jedoch zu lesen verstehen muß, wenn man sich ihnen anvertrauen will.
Ungeheure Anstrengungen werden an den Soldaten gestellt, der hier zu kämpfen hat und mit ihm in erster Linie an den deutschen Kradfahrer. Ihn darf es nicht kümmern, daß er weiß, daß Hitze, Steine, Temperaturwechsel die Reifen in einer viel kürzeren Zeit als in Europa zerstören, daß der Verschleiß des Materials in einer unglaublich schnelleren Zeit voranschreitet und er einfach Pannen erwarten muß, zu einer Zeit, in der er sonst noch nicht einmal daran zu denken braucht. Hier muß der Kradfahrer ganz in seiner Aufgabe aufgehen, wenn er sie meistern will. Wohl ist er mit Worten beraten worden, bevor er hierher kam, doch die Wirklichkeit stellt ihn vor unerkannte Aufgaben. Bienenfleißig muß man Erfahrungen sammeln. Beobachten, sehen, hören müssen die Fahrer und mit ihrer Maschine verwachsen sein. Und darum gibt es auch nach dem Dienst für sie keine Ruhe.
Unentwegt ist der Fahrer um sein Fahrzeug. Und wenn ihn erst die gewaltige Kraft des Ghibli während der Fahrt erfaßt, wenn er Kilometer um Kilometer sich durch Sand und Staub und Wind und Hitze schieben muß, durch einen Sandsturm, der eine Ausgeburt der Hölle ist, dann wächst der Mann hinter dem Steuerrad noch über sich selbst hinaus. Motor und Mensch müssen sich quälen, die Augen brennen vom Sandstaub, der Atem geht schwer, der Schweiß rinnt in Strömen, und im pulsierenden Motor frißt der Sand, die Reifen erreichen Temperaturen bis zu 70 Grad, und das Eisenmaterial dehnt sich unter der lastenden Hitze. So sieht und erlebt der deutsche Fahrer Afrika!
Wo hätte dieser Satz mehr Gültigkeit als in Afrika? Wieviel Arbeit, Liebe zum Fahrzeug und Opferfreudigkeit gehörten dazu, ein Fahrzeug unter solchen Umständen sorgsam zu pflegen? Die Fahrer sind selbst Maschinen geworden, Maschinen der Arbeit, und sie werden erst wieder ganz Mensch sein können nach dem Einsatz! Fluchend und schimpfend stehen sie oft vor ihren »Mistkarren«, ihren »Spulen«, ihren »Mühlen« und ihren »Drecksschlitten«, und was es noch für Kosenamen gibt! Und wie stolz sind sie dann wieder auf diese »Biester«, wenn sie wieder laufen, »wie ein junger Gott«.
Für den deutschen Fahrer in Afrika gibt es keine Hindernisse, sondern nur riesige Schwierigkeiten, aber die werden gemeistert!

Ehre ihrem Andenken oder
in schlimmen Tagen fuhr Klacks ein gutes Motorrad *

Zur Zeit des Niederganges des »Tausendjährigen Reiches« durften wir in Rußland als Kradmelder Motorrad fahren. Na, sagen wir besser: Ein Drittel unserer Tage konnten wir die sportlichen Disziplinen des Gelände- und Knüppeldammfahrens huldigen; das zweite Drittel der Disziplin Motorrad-Schieben, Motorrad-Schlammrühren, eine Kur im Staubschlucken und dem Motorrad-Stemmen widmen; und das letzte Drittel verbrachte man mit dem Geduldsspiel, auf Spritnachschub oder Ersatzteile zu warten.
Unsere fahrbaren Untersätze, BMW R 12, DKW NZ 250/350, NSU 601 OSL, Zündapp KS 600 und was da noch alles zwei Räder hatte, waren geschundene und für die Nutzung im Osten ungeeignete Straßenmaschinen. Und als ab 1943 die Geheimwaffe BMW R 75 und Zündapp KS 750 in zu geringer Zahl zu spät zu uns kamen, war eh schon alles gelaufen.
Unter all diesen Straßen-»Krädern« hinterließen die DKW NZ 250 und 350 den besten Eindruck — ihres Gebrauchswertes wegen. Zwar brach auf harten Knüppelpisten schon mal die Gabelfeder, vor allem, wenn die Luft vom Wald oder vom Himmel her plötzlich unerträglich eisen- und bleihaltig wurde, man deswegen Stoff gab und mit dem dann unglaublich springenden und auskeilenden Stahlroß kämpfte. Aber neue Gabelfedern wuchsen in der Gegend nicht wie Heide oder Steppengras. Also wurde mit der gebrochenen noch weitergefahren, bis man irgendwann eine neue bekam oder eine andere passend fand. Bis dahin tanzte die De-Ka-Wuppdich, wenn man auf einen Baumstamm, Stein oder an einen Lochrand stieß. Aber der Rahmen brach nicht, und das Motor/Getriebe-Gehäuse riß nicht, weil der Rahmen-Unterzug die NZ drüberwegrutschen ließ. Nur die Felge konnte eine Beule mit Folgen kriegen, oder die Luft im Reifen war plötzlich zum x-ten mal weg.

Diese DKW NZ 350 spiegelt die katastrophalen Geländeverhältnisse im Osten des Kriegsschauplatzes wieder.

Der unglaublich anspruchslose Motor blieb immer lebendig. Der lief zur Not auch noch mit Flug- oder Beutebenzin und bei Mischung 1:20 mit stinkendem Altöl aus den schon grasüberwachsenen Offensiv-Resten von anno 1941. Die beste Erfahrung aber war Position fünf im Zündschloß, denn damit sprang der Motor auch ohne Batterie an — im Frühjahr 1944 erlebte ich keine NZ mehr mit intakter Batterie. Und heute? Da kann man ein supermodernes »Beik« am Straßenrand deponieren, wenn das Zwölf-Volt-Reservoir leer ist.

Ehre dem Andenken der zähen NZ.

* aus Motorrad Classic, Heft 2/93

Das Kraftfahrbewährungsabzeichen

Im Jahr 1942 wurde als Anerkennung für die im Kriegseinsatz besonders bewährten Kraftfahrer — und hierzu zählten auch die Kradfahrer schlechthin — das Kraftfahrbewährungsabzeichen verliehen. Die

977. Verordnung über die Stiftung des »Kraftfahrbewährungsabzeichens« vom 23. Oktober 1942

wurde am 21. November 1942 in den »Allgemeinen Heeresmitteilungen« veröffentlicht. Das Kraftfahrbewährungsabzeichen wurde in 3 Stufen an Kraftfahrer verliehen, die sich im Kriege unter erschwerten Bedingungen beim Fahren und um die Erhaltung und Pflege des ihnen anvertrauten Kraftfahrzeuges besondere Verdienste erworben haben. Das Kraftfahrbewährungsabzeichen wurde in der Mitte des linken Unterärmels getragen und hatte folgendes Aussehen:

Es wurde in der Abstufung **in Bronze**
in Silber
in Gold

verliehen und zwar für den Einsatz ab 1. Dezember 1940 in den Gebieten des ehemaligen Jugoslawien, Griechenland, Bulgarien, Rumänien und im Gebiet ostwärts der russischen Westgrenze 1940 (vor Eingliederung der baltischen Staaten durch die Sowjetunion), in Finnland, Norwegen nördlich des Polarkreises oder im Gebiet der in Lappland eingesetzten deutschen Truppen und in Afrika.

Interessant ist dabei, daß in den Durchführungsbestimmungen des OKW zur Verordnung über die Stiftung des Kraftfahrbewährungsabzeichens vom 23.10.1942 die Kradmelder an 1. Stelle genannt wurden. Sie konnten das Abzeichen bereits erhalten, wenn sie sich in 90 Einsatztagen unter besonders schwierigen Bedingungen bewährt hatten. Bedenkt man, daß Kraftfahrer von Einheiten der Wehrmacht sich an 185 Einsatztagen bewährt haben mußten, bevor das Kraftfahrbewährungsabzeichen verliehen werden konnte, so wurde hier eindeutig der besonders schwierige Einsatzdienst als Kradmelder honoriert. Insofern wird in den nachfolgenden Ausführungen nur Bezug auf die Kradfahrer genommen.

Als Einsatztage galten bei Vorliegen erschwerter Unterbringungs- und Instandsetzungsverhältnisse z.B.

— Fahrten unter Feindeinwirkung
— besonders große Tagesleistungen an Strecken und Fahrzeug oder besonders schwierige Wegeverhältnisse oder
— Fahrten unter ungewöhnlich harten klimatischen Bedingungen.

Die Kradfahrer mußten diesen schwierigen Bedingungen zum Trotz durch überlegene und umsichtige Fahrweise und gewissenhafte Fahrzeugpflege und Instandhaltung hervorgetreten sein.

Bei einem selbstverschuldeten Unfall wurden die bisher bewerteten Einsatztage ungültig. Erst nach sechsmonatiger einwandfreier Führung wurde mit der Bewertung der Einsatztage neu begonnen.

Ein bereits verliehenes Kraftfahrbewährungsabzeichen wurde

— bei einem selbstverschuldeten Unfall,
— bei nachlässiger Fahrzeugpflege mit Folgeschäden oder
— bei Überschreitung der zulässigen Höchstgeschwindigkeit

entzogen. Die Wiederverleihung begann ausschließlich mit der untersten Stufe »in Bronze«.
Das Kraftfahrbewährungsabzeichen konnte zu allen Uniformen und — in verkleinerter Form — auch zur bürgerlichen Kleidung getragen werden. Es wurde verliehen an

— Kraftfahrer der Wehrmacht sowie
— Nichtwehrmachtsangehörige, die der Wehrmacht unterstellt waren bzw. in den eingangs erwähnten besetzten Gebieten eingesetzt waren.

Die Verleihung war auch zulässig an

— auf den Führer vereidigte, im Rahmen der deutschen Wehrmacht kämpfende ausländische Freiwillige,
— Freiwillige fremder Volksstämme aus den von den Bolschewisten befreiten Ostgebieten (auch entlassene Kriegsgefangene) soweit diese unter dem Befehl der deutschen Wehrmacht kämpften.

Wehrmachtsangehörige verbündeter oder befreundeter Länder konnten das Kraftfahrbewährungsabzeichen nicht erhalten.
Im Laufe des Krieges wurden die eingangs erwähnten Einsatzgebiete, für die die Verleihung des Kraftfahrbewährungsabzeichens Anwendung fanden, ausgedehnt.
So entschied das OKW am 9. März 1944, daß ein Einsatz

— ab 1. Juni 1943 auf der Insel Sizilien
— ab 1. Juli 1943 auf den Inseln Sardinien und Korsika
— ab 1. August 1943 auf dem Festland Italien südlich der Linie Ancona - Piombino
und
— ab 1. September 1943 in Albanien

auch zu berücksichtigen war (Heeresmitteilung vom 8. April 1944).

Eine weitere Ausdehnung der Operationsgebiete wurde in der Heeresmitteilung vom 21. Juni 1944 bekanntgegeben:

Als Einsatzgebiet galten nun auch die ab 1. Februar 1944 durch Heeresgruppenbefehl festgelegten rückwärtigen Armeegebiete und rückwärtigen Armeezonen der Heeresgruppe Nord in Estland, Lettland und Litauen.

Last but not least wurde in der Heeresmitteilung vom 21. November 1944 verfügt, daß an die ab 1. Juni 1944 in den durch Heeresgruppenbefehl festgelegten rückwärtigen Armeegebieten und rückwärtigen Armeezonen an allen Fronten eingesetzten Kraftfahrer unter den genannten Bedingungen das Kraftfahrbewährungsabzeichen verliehen werden konnte.

Anzumerken ist, daß trotz der aufgeführten zahlreichen Anordnungen in den Heeresmitteilungen die Möglichkeit zur Verleihung des Kraftfahrbewährungsabzeichens bei den

Fronttruppen offensichtlich nicht überall bekannt war. So ist z.B. dem Autor ein ehemaliger Schirrmeister bekannt, der an allen Fronten im Einsatz war, aber von der Existenz eines Kraftfahrbewährungsabzeichens keinerlei Kenntnis hatte. Und das, obwohl in den Durchführungsbestimmungen des OKW in Ziff. 5 ausdrücklich verfügt wurde, daß Verleihungsanträge durch die Einsatzführer durch Anhören der für die kraftfahrtechnische Überwachung der Kraftfahrzeuge eingesetzten Dienstgrade (z.B. Schirrmeister) vorzulegen sind.

Der Farbanstrich

Leider ist aus dem schwarzweiß Fotomaterial der jeweilige Farbanstrich der Kräder nicht eindeutig ersichtlich. Zwischen den Jahren 1935 und 1945 hat sich der Farbanstrich des Kriegesgerätes mehrmals geändert, so daß es heute nicht möglich ist, ohne Rückgriff auf die einzelnen Anordnungen in den jeweiligen Heeresmitteilungen (HM) den Farbanstrich des militärischen Großgerätes — und hierzu zählen auch die Kräder — über einen Zeitraum von 10 Jahren nachzuvollziehen. Andererseits beweisen die vielen Einsatzaufnahmen mit Krädern in »ziviler« Lackierung, daß aus verschiedenen Gründen der vorgeschriebene Farbanstrich an den requirierten Krädern nicht immer vollzogen wurde. So sind Aufnahmen von Gespann-Krädern mit dem schwarzlackiertem Steib-Beiwagen oder NSU-Krädern mit verchromten Gehäuseblockteilen oder Tankseiten keine Seltenheit. Ja, selbst Kräder mit verchromten Auspuffanlagen sind zu erkennen.

Bis Mitte der 30er Jahre bestimmte eine sogenannte Fleckentarnung — die die einzelnen Farben eindeutig voneinander am Gerät trennte — das Bild des militärischen Großgerätes. Beiwagengespanne, die im Kapitel III — Die Kradausbildung — vorgestellt werden, sind z.T. mit diesem Tarnanstrich, der von der Reichswehr übernommen wurde, versehen. Mit Einführung der Wehrmacht ab 1935 wurde das militärische Großgerät mit einem wesentlich dunkleren graubraunen Anstrich versehen. Dabei überwog der dunkelgraue Farbton dem Dunkelbraunanteil im Verhältnis 2/3 zu 1/3. Diese Maßnahme war bis zum Herbst 1939 abgeschlossen, so daß mit Beginn des Zweiten Weltkrieges das deutsche Kriegsgerät mit diesem Anstrich versehen war. Doch bereits ein knappes Jahr nach Kriegsbeginn wurde aus Sparsamkeitsgründen mit der HM 1940, Nr. 864, angeordnet, daß für die Dauer des Krieges alles Großgerät mit einem einfarbigen dunkelgrauen Anstrich zu versehen ist.
Verständlich, daß mit der Ausweitung des Kriegsschauplatzes auf den nordafrikanischen Kontinent dieser Anstrich für die dort operierenden Truppen nicht geeignet war.
So verfügte das OKH in seiner HM 1941, Nr. 281, daß das Gerät der in Afrika eingesetzten Truppen mit einem Fleckenanstrich aus Gelbbraun (RAL 800) und Graugrün (RAL 7008) zu versehen ist. Dabei sind ausschließlich Mattfarben zu verwenden, die jedoch nicht gegeneinander scharf abzugrenzen sind, sondern allmählich ineinander übergehen müssen. Die gelbbraune Farbe sollte überwiegen. Das Verhältnis sollte etwa 2/3 Gelbbraun und etwa 1/3 Graugrün betragen. Kleine Flächen (auch Speichenräder und Scheibenräder) können einfarbig gestrichen werden.

Auch der Winteranstrich der in Norwegen, Finnland und Rußland operierenden Truppen wurde in einer HM geregelt. Mit Datum vom 18.11.1941 — leider viel zu spät — verfügte das OKH in der HM 1941, Nr. 1128, daß alle Fahrzeuge zur Tarnung mit einem weißen Anstrich zu versehen sind. Die Anordnung des Anstrichs wurde den Truppenführern überlassen, jedoch die Verwendung einer abwaschbaren Farbe nach den geänderten Technischen Lieferbedingungen 6.345 vorgeschrieben. Die Farbe mußte auf dem Nachschubwege angefordert werden. Sie erreichte viele Truppenteile jedoch oft zu spät, so daß die Truppe ihre Fahrzeuge in Eigeninitiative mit einem Kalkanstrich versah, der nach Wegfall der Schneedecke abgewaschen wurde. Die Fahrzeuge verfügten dann wieder über den vorgeschriebenen dunkelgrauen Anstrich. An einigen Krädern der nachfolgenden Einsatzaufnahmen ist dieser provisorische Winteranstrich mit Kalk deutlich zu erkennen. Auch der berüchtigte »Rußlandwinter 1942« brachte hinsichtlich des Tarnanstrichs große Probleme mit sich. Aufgrund der unzulänglichen Versorgung mit entsprechender Tarnfarbe, mußte

immer wieder auf das Provisorium Kalk zurückgegriffen werden. Lediglich die Verbände, die im Winter unmittelbar von den Heimatstandorten aus an die Front verlegt wurden, verfügten über Großgerät mit vorschriftsmäßigem Tarnanstrich.
Doch zurück zum Grundanstrich des deutschen Kriegsgerätes.
Im Jahr 1942 trat wiederum eine Änderung in der Farbgebung des Großgerätes ein. Anstelle des bisherigen dunkelgrauen Anstrichs (HM 1940, Nr. 864) bzw. des gelbbraunen/graugrünen Anstrichs für Afrika-Truppen (HM 1941, Nr. 281), war das Gerät — einschließlich der Kraftfahrzeuge der in Afrika eingesetzten Truppen — mit Anstrich braun RAL 8020/grau RAL 7027 (beide Farben matt) zu versehen. Das Verhältnis sollte wiederum 2/3 braun und 1/3 grau betragen, wobei die Farben auch hier ineinander übergehen sollten. Die bisher verwendeten Farben RAL 8000 und RAL 7008 (HM 1941, Nr. 281) waren jedoch aufzubrauchen. Diese Anordnung wurde mit der HM 1942, Nr. 315 bekanntgegeben.
Eine grundlegende Neuerung des bisherigen Geräte- und Kfz.-Anstrichs trat dann Anfang 1943 ein. Hervorzuheben ist dabei, daß das Großgerät auf allen Kriegsschauplätzen einen einheitlichen Anstrich in dunkelgelb erhielt. Weiterhin ist aus der HM 1943, Nr. 181 und 322 anzumerken, daß es erstmals in die Eigenverantwortung der Truppe fiel, ihr Großgerät entsprechend den Geländeverhältnissen mit dem erforderlichen Tarnanstrich anzupassen. Hierzu wurden drei verschiedene Farbpasten zur Verfügung gestellt und zwar: Olivgrün, Rotbraun und Dunkelgelb. Später kam für die Winterzeit eine weiße Tarnpaste hinzu.
Die Tarnpasten mußten oftmals vor der Weiterverarbeitung mit Wasser oder Treibstoff verdünnt werden. Die Wasserverdünnung hatte jedoch den Nachteil, daß bei Regen der Tarnanstrich sehr schnell wieder abgewaschen wurde. Bedenkt man andererseits den bekannten Treibstoffmangel bei der Truppe, so stand kein Sprit für die Verdünnung der Tarnpasten zur Verfügung. Dennoch fanden diese Tarnpasten in der Truppe reichlich Verwendung.
Farbliche Wiedergaben von Kriegsereignissen, die ab 1939 erstellt wurden und die das deutsche Kriegsgerät in unterschiedlicher Farbgebung zeigen, sind somit nicht der Fantasie des jeweiligen Künstlers entsprungen. Sie sind zurückzuführen auf die unterschiedlichen Farbanstriche, mit denen das deutsche Kriegsgerät im Laufe der Jahre gekennzeichnet war. Es ist davon auszugehen, daß vor allem der Nachkriegsgeneration dieser häufige Anstrichwechsel nicht bekannt ist. So sollen diese Ausführungen nicht nur dazu beitragen, die nachfolgenden Schwarz-Weiß-Aufnahmen »besser zu erkennen«, sondern Anregung für den Modellbauer sein, seine Modell-Kräder entsprechend der jeweiligen Zeitepoche verschiedenfarbig darzustellen.

Antreten zum Appell! Fahrschüler der NSKK-Motorsportschule Tübingen im Frühjahr 1936 mit ihren Gespannen BMW R 11 auf dem Antreteplatz. Die BMW R 11 wurde von 1929 bis 1934 an die Reichswehr geliefert. Sie hatte einen 750-ccm-Zweizylinder-Motor mit 18 PS. Sie bewährte sich im rauhen Truppenalltag insbesondere als Beiwagenmaschine. Die Ausbildung der Gespannfahrer und Beifahrer (Kradschützen) nahm in der vormilitärischen Ausbildung einen hohen Stellenwert ein. Während der Kradausbildung trug die Besatzung einen Stahlhelm mit Prallschutzstreifen.

Die BMW R 4 war bei Kriegsbeginn das älteste Motorrad im Militärdienst. Sie diente vor allem der Ausbildung der Fahrschüler und wurde bereits ab 1932 in die Reichswehr eingeführt. In zahlreichen Geländewettbewerben dieser Zeit führte sie sportbegeisterte junge Männer an die Aufgaben als Kradmelder heran. Ausreichende Bodenfreiheit des Motor-Getriebe-Blocks und des nach hinten geklappten Mittelständers sorgten dafür, daß das Krad im Gelände und auch im tiefen Sand nicht aufsetzte. Die Militärausführung (Foto) hatte zusätzlich Packtaschen-Halterungen und eine Motorschutzplatte unten am Rahmen.

Intensive Fahrzeugpflege schloß sich an jeder praktischen Fahrausbildung im Gelände an. Hier der Fahrlehrer mit seinen fünf Kradfahrschülern beim technischen Dienst in der Lettow-Vorbeck-Kaserne in Hamburg-Wandsbeck im Jahr 1938. Im Vordergrund eine BMW R 4, dahinter zwei schwere Zündapp-Gespanne K 800.

Hier eine Fahrschulgruppe aus Krad- und Pkw-Fahrschülern beim technischen Dienst. Im Vordergrund ein Wanderer-Fahrschulwagen.

Zur Erinnerung an die Fahrschulzeit 1938. Zwei BMW R 4-Kräder umrahmen die fünf Kradfahrschüler und ihren Hilfsfahrlehrer. Die Maschinen verfügten über 12 PS und 400 ccm Hubraum.

Fahrlehrer und Hilfsfahrlehrer der 7. Kp.Inf.Reg. 69 (mot) demonstrieren hier ihre Künste auf dem schweren Beiwagengespann Zündapp K 800. Bei öffentlichen Veranstaltungen oder Kompaniefeiern waren derartige akrobatische Einlagen bei den Zuschauern sehr beliebt.

Eine gemischte Fahrschulgruppe mit ihrem Pkw und der BMW R 4 während der Ausbildung im Gelände. Die Kradfahrschüler tragen den Stahlhelm mit Prallschutzstreifen. Es handelt sich hier um eine verbesserte Version der R 4, und zwar mit einem Vierganggetriebe, geschaltet von einer Kulisse am Tank, Fußrasten statt Fußbrettern und ein Kickstarter, der in Fahrtrichtung niederzutreten war.

Nach der Fahrschulausbildung auf der Straße schloß sich eine intensive Krad-Ausbildung im Gelände an. Im Vordergrund zwei Fahrschüler in ihren langen Kradmeldermänteln mit dem Zündapp-Gespann K 800 in der Fischbeker Heide südlich von Hamburg.

Angehörige der 3. Kp. (Kradschützenkompanie) Aufklärungsabteilung 5 (AA 5) bei der Fahrschulweiterbildung im Gelände im Standort Eggenburg (Österreich 1939). Einer der Schwerpunkte in der Geländeausbildung war das Fahren auf Sandböden, felsigem und weichem Boden sowie bei Schlechtwetter und — wie hier — im Schnee. Bis zu 70 % der Angehörigen einer Kradschützenkompanie wurden zu Kradfahrern ausgebildet.

Schlechtwetterfahrten und das Überwinden flacher Gewässer wurden besonders intensiv mit den Beiwagenkrädern geübt. Man darf nicht vergessen, daß es sich hier ausschließlich um Motorräder handelte, die für den Straßenverkehr konstruiert waren. Diese Maschinen dann genauso sicher im Gelände zu fahren, verlangte viel praktische Erfahrung von den Kradfahrern.

Auch ein solcher »Ausflug« mußte in Kauf genommen werden. Dieser Beifahrer hat offensichtlich unfreiwillig das Krad verlassen und ist »baden gegangen«. Geistesgegenwärtig hält er seine Gewehrattrappe über Wasser, wie es im Gefechtsdienst unzählige Male geübt wurde.

Hier eine Kradschützentruppe der AA 5 in der winterlichen Geländeausbildung. Dicht aufgeschlossen hat die Gruppe eine Marschpause eingelegt. Offensichtlich galt diese Geländefahrt nur der Weiterbildung der Kradfahrer, da die Sozius- und Beiwagenfahrer fehlen.

Beim Erreichen der Höhe: Gas drosseln! . . .

... und beim Herunterfahren am glatten Steilhang: Fahrt verlangsamen!
In vielen theoretischen Unterrichtsstunden wurden derartige Verhaltensmaßnahmen vorab auswendig gelernt. Im Gelände konnte dann gezeigt werden, was aus der Theorie in die Praxis umgesetzt werden konnte.

Wenn der Steilhang nicht bezwungen werden kann, blitzartig absitzen! Gang einschalten! Schieben!
»Hau ruck! Gleich haben wir's geschafft«! Auch derartige Übungen gehörten zur Geländeausbildung der Kradschützen.

Der Kradfahrer dieses BMW R 12-Gespanns hat sein Körpergewicht auf den hinteren Teil des Krades verlegt, um das Antriebsrad mehr zu belasten.

Dem späteren Ruhm der Kradschützen als »schnellste erdgebundene Waffe« ging eine intensive vormilitärische Fahrschulausbildung in unwegsamem Gelände voraus. Schaffte es das BMW R 11-Gespann hier noch mit eigener Kraft, das Gelände zu überwinden, . . .

. . . so mußte hier die Besatzung selbst mit Hand anlegen. Im Hintergrund der kritische Fahrlehrer, der offenbar ein besonders morastiges Gelände für seine Fahrschüler ausgewählt hat.

Blitzschnell ›aussteigen‹ und ›in Stellung gehen‹. Das war die Taktik der »schnellsten erdgebundenen Waffe«, der Kradschützen. Sie waren in erster Linie eine Truppe für den Angriff. Aufklärung, Erkundung, Vorausabteilung und überholende Verfolgung des Feindes waren ihre Stärken.

Hier wird das »Absitzen« und »in Stellung gehen« vom fahrenden Kradschützengespann geübt. Bei Feldparaden und ähnlichen Anlässen wurden derartige Demonstrationen gern dem Publikum vorgeführt. Im späteren Kriegseinsatz war Schnelligkeit lebenswichtig. Im Vordergrund der Kradmelder der Einheit auf einer DKW 350 NZ.

Die Fahrer geben den Kradschützen Feuerschutz und bedienen sich dabei ihrer Gespanne als Deckung. Grundsätzlich griffen die Fahrer jedoch nicht in den Kampf ein. Ihre Aufgabe bestand darin, die Kräder in Deckung zu bringen, um die Schützen nach dem Kampf wieder aufzunehmen.

Flache Gewässer mit festem Untergrund bildeten für Gespanne keine Hindernisse. Dennoch gehörte viel Geschick dazu, ein Gespann sicher durch Gewässer zu bringen, ohne daß der Motor »absoff«.

Die gründliche Reinigung des Gespanns bildete auch bereits zu damaliger Zeit den Abschluß der täglichen Geländeausbildung. Hier ein BMW R 11-Gespann aus dem Jahr 1936.

Eine Kradschützeneinheit beim Durchqueren einer Ortschaft. Im Kriegseinsatz war ein so enges Auffahren nur bei eigener Luftüberlegenheit und feindfreiem Gelände erlaubt. Der Schütze im zweiten Beiwagen trägt seine Schützenschnur. Bei den vorderen Krädern handelt es sich um BMW R 12-Gespanne.

Angehörige des VI. Armeekorps im Herbstmanöver 1935 in der Lüneburger Heide. Auffallend sind einerseits die Kradbesatzungen mit ihren einheitlich langen Regenmänteln, andererseits mit veralterten Stahlhelmen aus dem 1. Weltkrieg. Auch ist nicht eindeutig feststellbar, ob es sich hier um eine Kradschützenkompanie handelt, da hierzu der dritte Schütze auf den Krädern fehlt.

Geländeausbildung von Fahrschülern der NSKK »Ostmark« im Jahr 1938. Beachte wiederum die Stahlhelme mit Prallschutzstreifen.
Bei den Fahrschulkrädern handelt es sich um Zündapp-Maschinen vom Typ K 500. Die K 500 wurde zwischen 1934 und 1938 überwiegend für Fahrschulzwecke und später als Verbindungsfahrzeug im zurückliegenden Einsatz verwendet.

Auch im Geländedienst der Fahrschüler kam die militärische Formalausbildung nicht zu kurz. Die Gespanne — hier Zündapp K 500 — und die Fahrschüler sind in Marschordnung (fertig zum Aufsitzen!) ausgerichtet.

Motorisierte Hitlerjugend mit ihren zivilen Maschinen verschiedener Typen im Geländedienst. Berühmte Motorrad-Rennfahrer der dreißiger Jahre waren sicherlich auch die Vorbilder für die jungen Fahrer.

Das meistverbreitete Wehrmachtskrad war die BMW R 12. Sie wurde überwiegend als Gespann-Maschine eingesetzt und verfügte über 745 ccm Hubraum. Im Bild die modifizierte Version mit Fußrasten statt Fußbrettern.

Ein Fahrschulgespann Zündapp K 800 der 7. Kp.Inf.Regt. 69 (mot) in der Lettow-Vorbeck-Kaserne in Hamburg-Wandsbek (1938). Die Zündapp K 800 war das hubraumstärkste Motorrad der Wehrmacht. Mit dem Vierzylinder-Boxermotor (22 PS), wog allein das Solokrad 215 kg. Bei der Truppe war diese Maschine sehr beliebt.

Paradeaufstellung von Teilen einer Kradschützen-Kompanie mit ihren BMW R 11-Gespannen um 1934. Die Beiwagen hatten zu der Zeit noch eine verschließbare Seiteneinstiegtür. Die Besatzung war mit dem »1. Weltkrieg-Stahlhelm« ausgerüstet.

Offensichtlich begutachtet der herbeigeeilte Schirrmeister der Einheit den Schaden an dem umgestürzten Kettenfahrzeug. Das Krad, ein Zündapp KS 600 W-Gespann, ist der 2. Werkstatt-Kompanie eines Nachschub-Bataillons zuzuordnen. Im Hintergrund zwei Ju 52.

In lässiger Manier passiert diese Gespannbesatzung einer BMW R 12 eine Gebirgsstraße in Norwegen. Aufgrund des Kennzeichens WM-2588 ist Gespann und Besatzung dem Kommando der Marinestationen Ostsee, Kiel, zuzuordnen.

Gesamtansicht des »blitzsauberen« Gespanns BMW R 75 aus dem Deutschen Museum in München. Besondere Merkmale an diesem Gespann aus den Jahren 1942/43: Gummifaltenbälge an der Vorderradgabel, grobe Profilreifen, hochgezogener Luftfilter für den Einsatz in Afrika.

Ein Kradmelder in typischer Ausstattung auf seiner DKW 350 NZ. Die Meldetasche gehörte ebenso zur persönlichen Ausstattung wie der lange Kradmelder-Mantel.

Unter ständiger Flankenbedrohung und über grundlose Wald- und Feldwege hinweg quälten sich die Kradfahrer mit ihren nichtgeländegängigen Maschinen. Oftmals mußten alle mit anpacken, um Gespann für Gespann durch unwegsames Gelände zu bringen (Rußland 1941).

Kradmelder vereinen sich mit Angehörigen eines Ersatzteillagers 1940 in Königsberg. Im Bild auch zwei NSU-Maschinen mit zivilen Steib-Seitenwagen, die aus Privatbesitz eingezogen wurden.

Noch während die Pioniere beim Brückenbau sind, setzen bereits die Kradschützen über. Schnelligkeit zeichnete diese Kampftruppe aus.

Dieses leichte Meldekrad, eine deutsche Triumph (TWN) vom Typ B 200, war sehr selten anzutreffen. Die Maschine wurde zwischen 1936 und 1937 hergestellt und verfügte nur über 196 ccm Hubraum. Hier handelt es sich offensichtlich um ein requiriertes Krad.

Im Wandel der Zeit! Im Hintergrund die althergebrachten Pferdegespanne, davor der Kradmelder auf seinem Gespann Zündapp K 500. Offensichtlich handelt es sich hier um ein requiriertes Gespann, da Schmutzfänger und der zivile Steib-Beiwagen nicht auf ein militärisches Fahrzeug schließen lassen. Auch die Scheinwerferabdeckung ist nur provisorisch. Die Aufnahme entstand 1940.

MG 34 mit aufgeklapptem Visier auf dem BMW-Seitenwagen. Das Standard-Maschinengewehr der Kradschützen war das MG 34 (Kaliber 7,92). Es wurde in einem Halteaufsatz auf den Beiwagen montiert und konnte somit auch während der Fahrt zum Niederhalten des Feindes eingesetzt werden.

Immer wieder nutzen Fahrer und Beifahrer die Marschunterbrechungen, um sich von den Strapazen zu erholen. Bei den Krädern handelt es sich um BMW R 12-Gespanne.

Ein Kradmelder auf seiner Zündapp K 500. Den Hauptbestandteil der Heereslieferungen von Zündapp in den Jahren 1934 bis 1939 bildeten die K 500. Die Maschine sieht zwar sehr bullig aus, doch sie verfügte nur über einen 250 ccm Hubraum. Das zivile Kennzeichen IP ... sagt aus, daß es sich hier um eine requirierte Maschine aus Preußen (Provinz Schleswig-Holstein) handelt.

Oft blieb den Fahrern nur die Zeit für eine kurze Schlafpause auf ihrem Krad. Links vermutlich eine Puch S 4, rechts eine BMW R 12. Die Fahrer im langen Kradmeldermantel.

Wenn die Regenperiode einsetzte, wurden fast alle Wege in grundlosen Schlamm verwandelt. Vorgesetzte und Untergebene sind hier gemeinsam bemüht, das Gespann wieder flott zu machen.

»Meldefahrer haben sich überall durchzusetzen!« Eine Propaganda-Postkarte des Oberkommandos der Wehrmacht.

Kradschützen der 5. Pz.Div. im Balkanfeldzug 1941. Obgleich die Kräder das taktische Zeichen der Kradschützen tragen, sind die Gespanne nicht vollzählig besetzt.

Eine Aufklärungsabteilung mit überwiegend BMW R 12-Gespanne bei der Rast.

Fremde Hilfe ist erforderlich, um das schwere Zündapp-Gespann KS 600 W wieder auf den »rechten Weg« zu bringen. Die Schlitzohrigkeit steht diesem Kradmelder im Gesicht geschrieben. Auf den ersten Feldzügen gegen Polen und Frankreich fanden die Kradschützen ein relativ gutes und intaktes Straßennetz vor, so daß ihre Kräder, die ja ausschließlich Zivilmaschinen waren, keinen allzu großen Beanspruchungen ausgesetzt waren. Das sollte sich im Rußlandfeldzug grundlegend ändern.

Die Besatzung eines BMW R 12-Gespanns interessiert sich für den neu angebrachten Wegweiser nach Smolensk (Rußland 1941).

Fahren, fahren und oftmals auch . . . . schieben. Der Kradmelder in seinem typisch langen Kradmeldermantel mit seiner NSU 601 OSL.

Mit vereinten Kräften wird dieses Gespann auf die beschädigte Holzbrücke gezogen. . . .

. . . . und am anderen Ende wieder heruntergelassen. Gut zu erkennen ist das taktische Zeichen der Kradschützen auf dem Beiwagen, das stilisierte Rad mit stilisiertem quergestellten Motorradlenker.

Diese Besatzung hat ihr BMW R 75-Gespann mit einer Fleckentarnung versehen, um sich dem verschneiten Gelände besser anzupassen. Gut zu erkennen die modifizierte Ausführung des Gespanns mit Gummi-Faltenbälge an der Vordergabel. Als Farbe wurde offensichtlich Kalk benutzt. Beachte auch die Schneeanzüge der Kradbesatzung.

Besuch in einem Kraftwagenpark. Rechts eine NSU 601 OSL mit dem großen Tankdeckel für die Kanisterbetankung, links ein BMW R 61-Gespann, das von 1938 bis 1941 an die Wehrmacht geliefert wurde.

Auch hier sind vereinte Kräfte erforderlich, um das BMW R 75-Gespann zu befreien. Die Gummi-Faltenbälge an der Vordergabel weisen darauf hin, daß es sich hier um ein Krad aus den Jahren 1942/43 handelt.

Ein kampfstarker Spähtrupp der 5. SS-Pz.Div. wartet auf den Einsatzbefehl. Gut zu erkennen ist das grobe Profil des Vorderreifens am ersten Krad.

Dieser Kradmelder auf seiner NSU 351 OSL war im Zivilleben Angehöriger der Fahrrad-Lackiererei der NSU-Werke und sandte sein Erinnerungsfoto an seine ehemaligen Arbeitskameraden.

Auch dieses Beiwagengespann war offensichtlich kein Hindernis für ein Kettenfahrzeug.

Melder und Erkunder eines Bataillons vom Pz.Gren.Regt. »Großdeutschland« (Rußland 1942). Bei den Solokrädern handelt es sich um DKW 350 NZ. Daneben barfüßig der staunende Bub mit seiner großen Mütze.

Kradmelder in ihrer typisch langen Regenbekleidung auf BMW R 12-Gespanne 1941 in Griechenland.

Angehörige einer Aufklärungsabteilung mit ihren NSU 601 OSL-Gespannen passieren eine von der Zivilbevölkerung verlassene Ortschaft.

Kradschützen des Kradschützenbataillons 19 mit ihrem BMW R 12-Gespann 1942 in Rußland. Gut zu erkennen das aufmontierte MG 34 mit der 50-Schuß-Gurttrommel. Mensch und Material sind die Strapazen anzusehen.

Eine behelfsmäßige Reparaturwerkstatt für Kräder. Vorn die Reste eines Zündapp-Gespanns mit zivilen Steib-Seitenwagen, hinten eine NSU 351 OSL. Die Feldinstandsetzung der Kräder fand sehr oft — wie in diesem Fall deutlich erkennbar — unter sehr primitiven Verhältnissen statt. Aufgrund der Typenvielfalt mangelte es vor allem an Ersatzteilen.

Feindberührung! Nach dem Absitzen der Schützen bringen die Fahrer die Beiwagengespanne schnell in Deckung (Rußland 1942).

Ein Beiwagengespann Zündapp K 800 des Pionierbataillons (mot) 38 der 2. Pz.Div. im Frankreichfeldzug 1940. In höchster Konzentration hält der Beifahrer seinen Karabiner im Anschlag. Dennoch verzichtet der Kradfahrer nicht auf seine Zigarre.

Zur Erinnerung! Kradmelder mit seinen Kameraden auf einer zivilen NSU 501 OSL. Gut zu erkennen sind die verchromten Seiten des Tanks und die verchromte Auspuffanlage. Auch die nicht begradigte Fischschwanzflosse am Ende des Auspuffs deutet auf eine zivile Maschine hin. Letztlich beweist das zivile Kennzeichen (III D- . . . für Landräte Leonberg, Ludwigsburg, Polizeidirektor Heilbronn), daß es sich um eine requirierte Maschine handelt.

Fahrer und BMW R 12-Gespann sind gleich tief im Schlamm versunken. Die Aufnahme zeigt, daß die schweren Gespanne ihre Probleme im morastigen Gelände hatten.

Diese Aufnahme zeigt, daß die deutschen Soldaten in den baltischen Republiken und der Westukraine vielfach als Befreier willkommen geheißen wurden. Hier die Kradbesatzung auf einem Zündapp-Gespann, vermutlich eine K 800. Interessant, daß am Beiwagen anstelle der Packtaschen ein Reservekanister mitgeführt wurde. Die Besatzung gehörte zur Heeresgruppe von Kleist (K) und zwar zur 16. Pz.Div.

Dieser Kradfahrer auf seiner zivilen BMW R 61 mit Steib-Seitenwagen hat seinen harten Stahlhelm gegen einen leichten Hut eingetauscht.

Auch der Truppenarzt wußte die Beweglichkeit eines Beiwagengespannes zu schätzen. Hier das NSU-Gespann 601 OSL mit dem Zeichen des Roten Kreuzes auf dem Beiwagen. Der Truppenarzt richtete seinen Truppenverbandsplatz möglichst zentral zum Kampfgeschehen in der Nähe des Bataillonsgefechtsstandes ein.

Fliegeralarm bei den Kradschützen. In der Mitte eine NSU 501 OSL. Die NSU 501 war vor dem Krieg als leistungsstarke Sportmaschine sehr beliebt.

Kradschützen einer Aufklärungsabteilung mit ihrem BMW R 12-Gespann neben einer Gefangenenkolonne. Bei dem Krad handelt es sich um die nicht modifizierte Version, d.h. mit breitem Schutzblech und Aluminium-Fußbrettern. Der eingelegte MG-Gurt ist besonders gut zu erkennen.

Versorgungsbomben werden auf einem BMW R 75-Gespann weitertransportiert.

Dieser Berg ist für die Maschine zu steil. Die Kradschützen-Gespanne werden von einer 2 cm-Flak auf Selbstfahrlafette den Berg hinaufgezogen.

Kradmelder im Nebel (Frankreich 1941). Kradmelder — ob Melder, Verkehrsregler oder Erkunder — leisteten auf allen Kriegsschauplätzen, bei allen Waffen einen unverzichtbaren Beitrag zur Führungsfähigkeit.

Der offensichtlich feste Untergrund erlaubt es diesem Fahrer mit seiner NSU 601 OSL, den seichten Teich problemlos zu durchwaten.

Für das Familienalbum. Zwei Gespannbesatzungen lassen sich 1940 in Frankreich fotografieren.

Das große »G« auf dem Beiwagenkrad kennzeichnet diese ruhenden Kradbesatzungen als Angehörige der Panzergruppe Guderian (Frankreich 1940).

Es besteht offensichtlich noch keine Feindberührung, da die Kradfahrer ihre Gespanne sehr »offen« abgestellt haben und sich die Fahrer sehr frei im Gelände bewegen.

Noch müssen diese Kradschützen nicht in den Kampf eingreifen, wie das eingepackte MG auf dem rechten Gespann beweist (Rußland 1941).

Bei offensichtlich guter Laune lassen sich diese Kradbesatzungen ihre Mahlzeit schmecken. Sicherlich tauschen sie ihre letzten Kampferlebnisse aus. Hinter dem Scheinwerfer seiner BMW R 12 hat der Fahrer zwei Stielhandgranaten deponiert (Frankreich 1940).

Die schweren Gespanne BMW R 75 mit den aufgesessenen Kradschützen. Die breite Bereifung fällt besonders ins Auge. Sie entsprach der des damaligen VW-Kübelwagens.

Kradschützen auf dem Vormarsch durch eine zerstörte Ortschaft. (Rußland 1941)

Feldgendarme auf ihrem BMW R 12-Gespann 1941 in Rußland.

Feldgendarme weisen den Kradmeldern den Weg (Frankreich 1940). Oben das NSU-Gespann 601 OSL, unten die Solomaschine 501 OSL.

Trotz großer Bodenfreiheit und breiter Bereifung hatten die Beiwagengespanne im aufgeweichten Gelände auch ihre Probleme (Rußland, Herbst 1943). Im Morast der Herbstregen und nach den Schneeschmelzen auf dem russischen Kriegsschauplatz wurden die einst für ihre Schnelligkeit berühmt gewordenen Kradschützen mit unvorstellbaren Geländeverhältnissen konfrontiert.

Hier haben offensichtlich auch die Kradfahrer ihre Gespanne verlassen, um mit in den Kampf einzugreifen. Aber warum tragen einige Schützen ihren Karabiner noch geschultert? Oder handelt es sich um einen überraschenden Fliegerangriff feindlicher Flugzeuge?

Freundliche Begrüßung einer Kradschützen-Besatzung auf einer BMW R 75. Die deutschen Truppen wurden sehr oft als Befreier empfangen, was die politische Führung allerdings nicht hinreichend zu ihren Gunsten auswertete.

Auch das Gespann mußte hin und wieder als Deckung herhalten (Polen 1939).

Mit schußbereiten Gewehren passieren Angehörige einer Nachschubeinheit 1940 eine polnische Ortschaft.

Solo- und Gespannkräder begleiten den Vormarsch der gepanzerten Fahrzeuge (Rußland 1941). Kradmelder waren in der Gefechtsführung ein wichtiges Einsatzmittel.

Überraschungsangriff einer Kradschützeneinheit auf ein russisches Dorf 1941.

Kradschützen der 12. Pz.Div. im Vormarsch (Rußland 1941). Hier ein Kradschützenzug. Vorn der Zugführer-Pkw, dahinter die drei Kradschützengruppen mit den Beiwagenkrädern. Für die Fliegerabwehr wurde auf dem Zugführerwagen ein MG auf einem Dreibein montiert, um eine sofortige Feuereröffnung auf angreifende Tiefflieger zu ermöglichen.

Eine Aufklärungsabteilung zieht in einem russischen Dorf unter, um zu rasten (Juni/Juli 1941). Die Aufnahme vermittelt hektisches Treiben im Unterziehraum.

Kradschützen mit ihren BMW R 12-Gespannen durchqueren ein Wüstengebiet in Nordafrika (April 1941). Die R 12 verfügte noch nicht über den hochgezogenen Luftfilter — wie die späteren R 75 — so daß Staub und Sandstürme den Motoren enorm zusetzten.

Mit größter Aufmerksamkeit nähert sich diese Gespann-Besatzung mit schußbereitem MG einem verlassenen Gehöft (Rußland 1941).

Das schwere Zündapp KS 750-Gespann und der eher zaghaft dreinblickende Beifahrer.

Nach dem Kampf der Kradschützen geht diese russische Kate in Flammen auf (Sommer 1941). Die Kradschützen waren für Handstreichaufgaben besonders ausgebildet.

Diese Fallschirmjägerbesatzung — zu erkennen an den Springerhelmen — gönnt sich auf ihrem BMW R 12-Gespann eine Ruhepause (Rußland 1942).

Der Kradmelder auf seiner NSU 351 OSL überbringt eine wichtige Meldung. Grundsätzlich war der Kradmelder »Einzelkämpfer«. Guter Orientierungssinn und Geschicklichkeit im Umgang mit seinem Krad zeichneten diese Soldaten aus.

Diese NSU 351 OSL verfügt bereits über ein begradigtes Fischschwanzende am Auspuff, um die Einheitspacktaschen, die hier zwar fehlen, problemlos unterbringen zu können.

Der Essenholer, Obergefreiter Spohrer vom schweren Art.Regt. 84, auf einer NSU 351 OSL kehrt zurück zu seiner Einheit. (Kanalküste 1941). Wenn die Feldküchen den kämpfenden Einheiten nicht folgen konnten oder aber Teile einer Einheit abgelegen auf Vorposten standen, wurde die Verpflegung — in der Regel der bekannte Eintopf — in Thermo-Kübel umgefüllt und mit gerade greifbaren Fahrzeugen zugeführt. Hier bewährte sich dann wieder der allzeit einsatzbereite Kradmelder.

Auch wenn bereits das Schutzblech des Beiwagenrades fehlt, Beiwagen und Vorderradschutzblech lädiert sind und die Scheinwerferabdeckung abhanden gekommen ist, so soll dieses Kradgespann doch wohl nicht im Meer versenkt werden?

Kradmelder — ob als Melder, Verkehrsregler oder Erkunder — leisteten auf allen Kriegsschauplätzen, bei allen Waffengattungen einen unverzichtbaren Beitrag zur Führungsfähigkeit. Wenn Fernmeldemittel ausfielen oder versagten: sie kamen durch!

Kradschützen führten ihre leichten MG auf dem Kradbeiwagen in einem »verstellbaren Aufsatz« mit. Dies erlaubte den Feuerkampf »vom Fahrzeug« — notfalls auch in der Bewegung. Hier ein Kradschützengespann BMW R 11 mit MG 13 um das Jahr 1935.

Als provisorischer Schreibtisch dient ein Holzklappstuhl. Im Hintergrund die zivile BMW R 5. Ein requiriertes Motorrad in schwarzem Glanzlack.

Kradmelder einer Aufklärungsabteilung haben auf dem Marktplatz einer französischen Stadt eine Marschpause eingelegt (Frankreich 1940).

Die Vorderseite einer Feldpostkarte aus der Foto-Serie »Unsere Wehrmacht«. Die Aufnahme zeigt eine Kradschützenbesatzung auf einer BMW R 11 mit Beiwagen aus dem Jahr 1934. Beachte die seitliche Einstiegtür mit Griff am Beiwagen und das aufgesetzte MG 13. Auch die Zwei-Farbenlackierung der damaligen Reichswehr ist schemenhaft zu erkennen.

Angehörige der Heeresgruppe von Kleist (K) mit ihrer Zündapp K 800 im Jahr 1940 in Frankreich. Besatzung und Krad sind die Strapazen des Einsatzes anzusehen.

Mitunter wurden die Gespanne auch von Teileinheitsführern als Führungsfahrzeuge eingesetzt. Hier der Schirrmeister der 7. Kp.Inf.Regt. 69 (mot) und sein Kfz-Schlosser mit ihrer Zündapp K 800 auf einer Versorgungsfahrt zu einem beschädigten Kampfwagen. Offensichtlich »ein Herz und eine Seele«.

Die Generaloberst Guderian-Brücke, erbaut vom Br.B.B. vom 22.-26.6.1941. Davor ein Kradmelder dieser Heeresgruppe (G).

Eine eher verbotene Aufnahme! Hier wurde der Beiwagen von der Zündapp K 800 abmontiert und die Maschine dann solo gefahren. Das war wegen des großen Eigengewichts des Motorrades nicht zulässig. Die Maschine erreichte so eine Höchstgeschwindigkeit von 135 km/h. Die Aufnahme entstand 1940 bei der Verlegung der Einheit nach Geisfeldt/Eifel.

Ist einer dieser Soldaten der Vater des Jungen, der hier voller Stolz auf dem Beiwagen der BMW R 11 Platz genommen hat? Die Aufnahme entstand am 22.5.1940.

Kradmelder vom Btl.Stab.Inf.Regt. 69 (mot) bei der Rast. Im Hintergrund ein Fieseler-Storch (Rußland 1941)

Eine stark verschmutzte Zündapp K 800 nach einer Geländeausbildung. Die Kühlrippen waren oft so sehr verdreckt, daß keine ausreichende Kühlung mehr gewährleistet war und Kolbenfresser die Folge waren.

Eine Kradbesatzung mit ihrer Zündapp K 800 im Quartier in Mittweida, Sudetenland (1938).

Kradmelder auf ihrer DKW NZ 350 beim Kartenstudium 1940 in Frankreich. Die Kräder sind bereits mit groben Profilreifen ausgerüstet.

Generalfeldmarschall von Kluge, OB der 4. Armee, auf Inspektionsfahrt an der Ostfront. Seine Kradmelder — hier auf einer BMW R 35 — tragen Tücher mit den gekreuzten Marschallstäben auf Brust und Rücken (1941).

Kräder in Afrika! Auch auf diesem Kriegsschauplatz wurden große Anforderungen an Mensch und Material gestellt. Verstopfte Luftfilter führten an den Kradmotoren zu vielen Ausfällen (Tunesien 1942).

September 1939. Der Krieg ist erst wenige Tage alt. Deutsche Truppen im Vormarsch in Polen. Im Vordergrund das Meldekrad BMW R 12 mit der Standarte des Truppenführers.

Die bespannten Nachschubtruppen folgen den vordringenden Kampfeinheiten (Polen, Sept. 1939). Rechts ein Kradmelder auf seiner NSU 501 OSL.

Diese interessante Aufnahme zeigt rumänische Kradmelder auf deutschen Zündapp-Gespannen anläßlich der deutsch-rumänischen Offensive in Bessarabien (Juli 1941, Vormarsch auf Kischinew).

Die »Rollbahn« der Kradschützen, ein Bahndamm. Große Geschicklichkeit der Fahrer ist hier erforderlich, um Schäden an den Krädern zu verhindern. Hier zahlte sich die intensive Ausbildung der Kradfahrer aus. Im Vordergrund ein BMW R 12-Gespann mit aufmontiertem MG 34.

Ein requirierte DKW NZ 350. Der verchromte Tank, die fehlende Kettenabdeckung, der verkürzte Auspuff, der kleine Scheinwerfer und das fehlende Hinterteil des Schutzbleches deuten auf eine Zivilmaschine hin (Rußland, Matrenino, Nov. 1941).

Dieser Kradfahrer auf seinem Gespann mit zivilem Steib-Beiwagen passiert eine berittene Einheit im Somme-Gebiet (Frankreich, 7.6.1940).

Für die Überquerung der Aisne werden Beiwagenkräder auf ein Schlauchboot verladen. Offensichtlich ist eines der Kräder als Zugmaschine für das Infanterie-Geschütz eingesetzt (Frankreich, Juni 1940).

Oftmals wurden zerstörte oder halbzerstörte Brücken notdürftig wieder hergerichtet, um die leichten Fahrzeuge wie Kräder und Fahrräder übersetzen zu können. Hier wurde ein versenkter Kahn zu einer Behelfsbrücke ausgebaut, um den Maas-Schelde-Kanal zu überqueren. Im Vordergrund ein BMW R 12-Gespann, links eine DKW NZ 350 (Frankreich, 25.5.1940).

Wenn keine Brücken zur Verfügung standen, stellten die Kradbesatzungen eigene Schlauchbootfähren her, um ihre Fahrzeuge übersetzen zu können (Frankreich, Juni 1940).

Die Aufnahme demonstriert, welchen Belastungen die Kräder ausgesetzt waren. Verständlich, daß die meisten Motorräder — es waren ja zivile Straßenmaschinen — diesen Anforderungen nicht gewachsen waren. Hier eine Gebirgsjäger-Einheit beim Einmarsch ins Sudetenland (2.10.1938).

Diese interessante Aufnahme zeigt ausschließlich requirierte Kräder in Originallackierung: U.a.: links: Eine BMW R 61. Diese Maschine war nicht im Beschaffungsprogramm der Wehrmacht zu finden. 3. v. r.: Das BMW R 12-Gespann mit dem riesigen Schutzblech. Bei den Wehrmachtsausführungen wurde dieses Schutzblech durch ein schmaleres ersetzt (Polen, 1939).

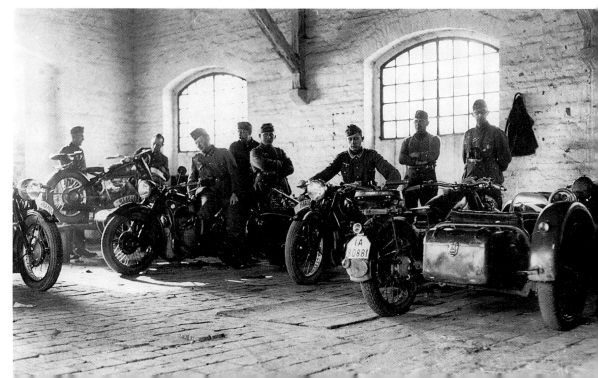

Das schwere Zündapp-Gespann KS 750 mit einer russischen Besatzung 1945 in Berlin. Die Maschine wurde mit einem russischen Kennzeichen versehen, verfügt aber noch über ausgezeichnet erhaltene Geländereifen mit großem Profil.

Zurückkehrend von einem Erkundungsauftrag, gliedern sich diese Kradfahrer wieder in die Marschformation ihrer Einheit ein (Rußland, Rzeka-Bug, 22.6.1942).

Der Kurierfahrer mit seinem Fahrschulhelm auf einer BMW R 4

Die klirrende Kälte des russischen Winters spiegelt sich auch in diesem Bild wieder. Die BMW R 51 hat unter diesen Witterungsbedingungen schon gelitten: Vorderradschutzblech und Scheinwerferabdeckung fehlen.

Eine polnische Rückzugsstraße zwischen Przysucha und Radom am 8.9.1939. Im Vordergrund das mittlere Wehrmachtskrad BMW R 35. Die 350er BMW mit ihrer ungedämpften Teleskop-Gabel wurde ab 1937 in großen Stückzahlen in die Wehrmacht eingeführt.

Die Kradfahrer nutzen die hochstehenden Sonnenblumen als Deckung bei der Feindannäherung aus. Auf dem BMW R 75-Gespann offensichtlich auch eine Munitionskiste mit Inhalt (Sonnenblumenfeld am Kaspischen Meer, Okt. 1942).

Hier handelt es sich nicht um einen Blumencorso, sondern um die freundliche Begrüßung einer vom Fronteinsatz in Frankreich heimkehrenden Einheit. Links eine DKW NZ 350, rechts eine NSU 251 OSL (München, 16.7.1940).

Am 3.7.1940 begrüßt die Krefelder Bevölkerung die Rückkehr der 6. Pz.Div. beim Einzug in ihre Garnisionsstadt nach dem Frankreichfeldzug.

Trotz Kennzeichnung mit dem roten Kreuz wurde diese Sanitätskolonne angegriffen und vernichtet. Offensichtlich ist nur die NSU 501 OSL mit dem Steib-Beiwagen unbeschädigt geblieben. Auch das Krad-Gespann war mit dem Symbol des roten Kreuzes gekennzeichnet (Westfront, 1944).

Will der MG-Schütze schießen, so ruft er dem Fahrer zu: »Ich schieße!« Hier eine Manöveraufnahme.

Eigeninstandsetzung von Krädern beim Stab einer Flakabteilung 1941 in Rußland.

Dieser Angehörige vom Instandsetzungstrupp der 1. Kp. einer 3,7 cm-Flakbatterie repariert in aller Ruhe eine DKW NZ 350 (Griechenland, Frühjahr 1941). Oft bereitete die Feldinstandsetzung wegen fehlender Ersatzteile große Schwierigkeiten.

Gemeinsam sind wir stark. Das galt insbesondere für die Kradschützen, die ihre Gespanne sehr oft nur unter Mithilfe aller durch unwegsames Gelände bringen mußten. Beachte den angebrachten zusätzlichen Schutzbügel vor dem Zylinder (Rußland, Anfang Juli 1941). Kradschützen hatten im Osten nicht nur den Feind zum Gegner. Unter den erschwerten geographischen Verhältnissen Osteuropas haben sie ihr eigentliches Charakteristikum, die Schnelligkeit, sehr bald verloren. Für derartige Geländeverhältnisse waren ihre schweren Beiwagengespanne nicht konzipiert.

Am Obelisken auf der Place de la Concorde in Paris beobachtet die Bevölkerung den Einmarsch deutscher Soldaten. Rechts ein Zündapp-Gespann, links eine NSU 601 OSL (14.6.1940).

Bier schmeckt aus jedem Trinkgefäß: Diese Gruppe hat ihr Bierfaß an der Rückseite einer russischen Kate angezapft und läßt sich's aus Kochgeschirrdeckeln schmecken. Mittelpunkt ist das BMW R 12-Gespann (Rußland 1942).

Hier wieder die BMW R 12 mit dem großen Schutzblech, das bald aufgegeben wurde, weil es sich sehr schnell mit Dreck zusetzte. Auch die Fußbretter wurden später durch Fußrasten ersetzt.

Kameradschaft strahlt dieses Foto aus. Insbesondere waren die Kradbesatzungen auf ihren Maschinen eine untrennbare Gemeinschaft. Austausch von Tageserlebnissen auf einem Gespann NSU 601 OSL.

Soll hier etwa die Watfähigkeit des BMW R 12-Gespanns im Schlamm geprüft werden? Sicherlich nicht. Derartige Geländeverhältnisse waren in Rußland an der Tagesordnung (Rußland, 18.10.1942).

Feldinstandsetzung für Kräder durch den Instandsetzungstrupp. Im Vordergrund die aufgebockte DKW NZ 350 mit offensichtlichem Schaden am Vorderrad. Die unterste Stufe der Instandsetzung der Kräder war auch während des Krieges die Wartung und Pflege. Die Kradfahrer waren entweder darin im Rahmen ihrer Fahrschulausbildung gut vorbereitet oder aber sie kannten ihr Krad genau, weil es vor der Requirierung ihr eigen war.

Kradmelder Leonhard Spohrer vom schweren Art.Regt. 84 auf seiner NSU 351 OSL. Es ist eine requirierte Maschine mit dem zivilen Kennzeichen IH (für: Provinz Pommern) sowie dem offiziellen Unterscheidungszeichen: WH (Wehrmacht-Heer).

Kradmelder Spohrer im langen gummierten Kradmeldermantel, mit Kradmeldertasche und Pistolentasche für die P 38. Die NSU 351 OSL mit dem hochgezogenen Auspuff. Gut zu erkennen der Tank mit den durchgeprägten Seitenfeldern, der in dieser Ausfertigung ab 1936 an den zivilen Maschinen vorhanden war.

Kradmelder des schweren Art.Regt. 84 nach der Winterschlacht bei Leningrad 1942. Die Aufnahme entstand 1942 in Zeitz anläßlich einer kurzen Rückkehr des Regt. zur Materialinstandsetzung. Links eine NSU 351 OSL, rechts eine DKW NZ 350. Die Kradmelder in ihren langen Kradmeldermänteln, die entweder offen getragen oder . . . .

.... wie auf diesem Foto, hosenähnlich um die Beine geschlagen wurden, so daß sie einen guten Schutz gegen Wind und Wetter boten.

Der ganze Stolz seines Besitzers: Die requirierte BMW R 51 auf Hochglanz poliert. Der Nummerngruppe nach gehörte der Kradmelder zum Wehrkreis VI Münster (Westf.).

Eine motorisierte Einheit überquert die Loise bei Orleans im Juni 1940. In der Mitte das NSU-Gespann 601 OSL mit dem zivilen Beiwagen, dahinter eine BMW R 12. Diese Eisenbahnbrücke wurde auch für die Benutzung von Landfahrzeugen hergerichtet.

Bewaffnet mit seiner MP 40 stellt sich dieser Kradmelder auf seiner vom Einsatz gekennzeichneten Zündapp K 600 W dem Fotografen. Die MP 40 zählte zu den bekanntesten deutschen Infanteriewaffen. Als Feuerart war nur Dauerfeuer möglich.

Der Auftrag eines Bataillons-Kommandeurs an einen Aufklärungstrupp lautete oft kurz: »Wo feindliche Panzerabwehr? Wo Minen? Kommen wir durch?«

Der lange Kradmeldermantel aus gummiertem Stoff war insbesondere für die Kradfahrer auf ihren ungeschützten Krädern sehr zweckmäßig. Beachte auch die völlige Abdeckung des Scheinwerfers an der BMW R 12.

Ein Blick in die Kradsammlung von K. H. Denzler aus 8546 Thalmässing. Herr Denzler besitzt eine der umfangreichsten Sammlungen von Krädern aus der Zeit bis 1945.

Bei befohlener Funkstille wurden die altbewährten Führungszeichen, Leuchtzeichen oder aber die Kradmelder eingesetzt. Oftmals mußten sie mit ihren Krädern ohne jeglichen Feuerschutz von einer Befehlsstelle zur anderen eilen, um wichtige Meldungen zu überbringen. Wenn alle anderen Verbindungsmittel versagten, dann war auf die Kradmelder immer Verlaß.

Die meisten Kradfahrer kannten das »Innenleben« ihrer Maschine wie aus dem ff. Solange keine größeren Ersatzteile erforderlich waren, wurde in Eigeninstandsetzung repariert, wie hier eine requirierte Puch S 4 mit dem österreichischen Felber-Seitenwagen. Charakteristisch an diesem Seitenwagenfabrikat waren der kanuförmige Bug und der über das Vorderteil verlaufende Rahmenbügel.

Unzählige Reparaturen an den strapazierten Krädern mußten in aller Eile am Straßenrand ausgeführt werden. Das betraf insbesondere die Kradmelder mit ihren Maschinen bei einer Reifenpanne, wie hier an einer Zündapp K 500. Das abklappbare Schutzblech ermöglichte einen vorbildlichen Radausbau.

Im Rastraum wurden die Gespanne der Kradschützen sofort mit Zeltbahnen, Zweigen, Stroh und dergleichen dem Gelände entsprechend getarnt. Auch die Soldaten haben ihr kleines 2-Mann-Zelt aufgeschlagen. Beachte den kleinen Glücksbringer am Giebel des Zeltes.

Der Kradmelder und seine Aufgaben:
— *Erkundung von Wegen, Straßen, Technischer Halte, Rasträumen, Verfügungsräumen*
— *Beförderung von Teileinheitsführern, Ordonnanzoffizieren,*
— *Begleitung und Einweisung marschierender Kolonnen,*
— *Verbindungsaufnahme zu Nachbartruppen*

Manches mühsam zusammengesparte Beiwagengespann eines zivilen Besitzers ereilte das harte Schicksal, als requiriertes Fahrzeug zum Kriegsdienst eingezogen zu werden. Im rauhen Fronteinsatz war es bald nicht mehr wieder zuerkennen, wie es sicherlich dieser NSU 601 TS mit dem Steib-Seitenwagen ergehen wird. Der Seitenwagen wurde vor dem Krieg als Sport-Seitenwagen Nr. 31 im Steib-Katalog angeboten und besaß einen umlaufenden Stoßstangenrohrrahmen.

Wenn die Kradfahrer mit feindlichen Tiefffliegern rechnen mußten, trugen sie während der Fahrt ihr Schiffchen oder die Schirmmütze. Der breite Rand des Stahlhelms verhinderte die rechtzeitige Wahrnehmung von Flugzeugmotorengeräuschen. Im Vordergrund das BMW R 75-Gespann aus den Jahren 1942/43.

Kradmelder der Panzergruppe Guderian (G) sind mit ihren Krädern unterschiedlicher Fabrikate im Schutze eines Hauses untergezogen.

Mit Tieffliegern ist zu rechnen. Die beiden Fallschirmjäger in ihren »Knochensäcken« — wie der gefleckte Kampfanzug dieser Truppe genannt wurde — passieren auf ihrem Zündapp-Gespann K 800 dieses Hinweisschild.

Bei der Rast einer Kampf- oder Versorgungseinheit wurden gedeckte Räume seitlich der Marschstraße bezogen. Das Einfließen in einen Rastraum wurde durch Kradmelder geregelt.

In offensichtlich feindfreiem Gelände träumt dieser Kradmelder auf seinem Zündapp-Gespann vielleicht gerade von den Angehörigen daheim.

Kradmelder pendelten bei Truppenverlegungen zwischen den Einheiten hin und her. Sie legten dabei oftmals täglich mehrere Hundert Kilometer zurück. Hier ein Kradmelder auf seinem Zündapp-Gespann K 600.

Eine Feldpostkarte aus der Serie »Unser Heer« um 1935. Der Kradfahrer auf seinem BMW R 11-Gespann trägt noch einen Helm mit Prallschutzstreifen, der Beifahrer und die übrigen Soldaten den 1. Weltkrieg-Stahlhelm.

»Nicht fahrbereit« — signalisiert die fünfköpfige »Besatzung« dieses BMW R 11-Gespanns nach dem technischen Dienst an der Maschine.

Die Beliebtheit der BMW R 4 wird durch zahlreiche Fotos dokumentiert. Auch dieser Ordonnanzoffizier hat sich sicherlich nur für's Fotoalbum der BMW anvertraut.

Wehrmachtsangehörige, die mit dem requirierten NSU-Beiwagengespann den Wehrdienst antreten und hier sicherlich letztmalig an einer zivilen Tankstelle ihren Kraftstoff erhalten. Das Kennzeichen IA... steht für Landespolizeibezirk Berlin.

Warme Füße unten — heiße Suppe oben! Die Füße auf den warmen Motorblock gestellt, löffelt dieser Kradmelder seinen heißen Eintopf aus dem Kochgeschirr. Die BMW R 12 aus der »1. Generation« verfügt noch über Fußbretter statt Fußrasten.

Die im Frühjahr und Herbst eintretenden Schlammperioden waren insbesondere im Osten verheerend. Die Folge des Schlamms war die Lähmung aller Bewegungen sowohl bei Märschen als auch bei Kampfhandlungen. Kradmelder und NSU 601 OSL haben hier mit den Unbilden des Wetters zu kämpfen.

Hier hat offensichtlich die Kradbesatzung die Bergung ihres Zündapp-Gespanns vorerst aufgegeben und eine »Brotzeit« eingelegt. Unvorstellbar, mit welchen Geländeverhältnissen die Kradfahrer zu kämpfen hatten. Auf den ersten Feldzügen gegen Polen und Frankreich fanden die Kradschützen ein relativ gutes und intaktes Straßennetz vor, so daß ihre Kräder, die ja ausschließlich Zivilmaschinen waren, keinen allzu großen Beanspruchungen ausgesetzt waren. Das sollte sich im Rußlandfeldzug grundlegend ändern.

Die Einzylinder-BMW R 4 mit Preßstahlfahrwerk und Blattfederschwinge verfügte über 400 ccm. Sie zählte ab 1932 zu den Maschinen mit der besten Straßenlage und wurde nicht zu Unrecht überwiegend für Fahrschulzwecke eingesetzt.

Das Zündapp-Gespann dieses stolzen Kradmelders auf dem Marktplatz einer französischen Stadt ist bereits mit besonders groben Profilreifen ausgerüstet.

Dem äußeren Erscheinungsbild nach hat dieses BMW R 12-Gespann noch keinen Fronteinsatz miterlebt. Karosserie und Lackierung sind in einem einwandfreien Zustand.

Schlitzohrigkeit steht diesem Fahrer im Gesicht geschrieben. Hat er etwa nur eine Uniformjacke übergezogen, den Stahlhelm aufgesetzt und sich dann auf seiner zivilen DKW NZ 350 fotografieren lassen? Sein Schuhwerk, die eigenartige Scheinwerferabdeckung und das zivile Kennzeichen IA (für Landespolizeibezirk Berlin), lassen einige Fragen offen.

Gekennzeichnet vom Einsatz in unwegsamen Gelände sind dieser Kradmelder der Luftwaffe und seine BMW R 35. Die 350er BMW als mittleres Wehrmachtskrad löste ab 1937 die BMW R 4 ab. Über 15.000 Exemplare wurden von diesem Modell zwischen 1937 und 1940 gebaut, die wenigsten jedoch an Privatleute abgegeben.

Angehörige einer Aufklärungsabteilung der 6. Pz.Div. während des Vormarsches nach Süden über die Aisne bei Rethel am 10./11.6.1940. Der Kampf um die Ortschaft ist beendet. Die Aufklärungsabteilung sammelt sich, um neue Aufgaben zu übernehmen.

Kradschützen vor der Wagenkolonne des Reichsprotektors von Böhmen und Mähren auf der Prager Karlsbrücke — vom Hradschin kommend — wo die Zeremonie zur Amtseinführung des Protektors stattgefunden hat (16.4.1939).

Mittagspause bei einer Mob.-Übung am Berliner Ring im Jahr 1939. Im Vordergrund eine BMW R 61 mit Steib-Beiwagen und dem zivilen Kennzeichen IA (für Landespolizeibezirk Berlin).

Kradmelder mit ihren DKW NZ 350 in der Etappe. Die NZ war ein zuverlässiges Meldekrad. Die Wehrmacht requirierte sehr viele dieses Typs, die als Kuriermaschinen eingesetzt wurden.

Für eilige Kurierfahrten wurden die wendigen Kräder eingesetzt. Hier übernimmt der Kradmelder auf seiner Zündapp KS 600 ein eilig herbeigeschafftes Ersatzteil, das per Luftkurier eingeflogen wurde.

Dieser Kradmelder fährt als Beutemaschine eine englische Ariel. Der verchromte Auspuff und die helle Vorderradfelge deuten auf eine ehemals zivile Maschine hin.

Reifenpanne an einer DKW NZ 350. Zum Abnehmen des Hinterrades ist der Kotflügel aufklappbar und feststellbar durch einen Haltehebel.

Die versammelten Kradmelder mit ihren unterschiedlichen Solo- und Gespannmaschinen warten hier auf weitere Befehle. Offensichtlich haben sie Einheits- oder Teileinheitsführer zu einer Lagebesprechung gebracht. Für derartige Fahrten wurden überwiegend die schnellen und wendigen Kräder eingesetzt.

Ein belgisches Beutegespann, die Gillet 750. Dieses Gespann aus den Jahren 1938/40 hatte einen eigenen Seitenwagenantrieb. Die Gillet war im belgischen Heer das meistgefahrene Gespann.

Hier nochmals das belgische Beutegespann Gillet 750. Die Maschine verfügte über ein fußgeschaltetes Fünfganggetriebe (vier Vorwärtsgänge und einen Rückwärtsgang).

Der Kradmelder einer Nachschubeinheit passiert mit dem nicht näher definierbaren Gespann eine Straße in Norwegen (Winter 1942). Beachte die umwickelten Griffe am Lenker sowie die beiden Packtaschen an der Vorderradgabel sowie das lädierte Schutzblech.

Unbeeindruckt vom vernichteten Kriegsgerät am Straßenrand lenkt der Kradmelder sein BMW R 12-Gespann über den Nachschubweg.

Das Zündapp-Gespann KS 600 W. Diese Zündapp wurde bis Mitte 1941 geliefert und war bei den Fahrern beliebter als die BMW R 12. Dem Kennzeichen nach zu schließen, gehörte die Kradbesatzung zum Luftgaukommando XIII in Nürnberg.

Diese Fahrzeuge wurden offensichtlich für eine Propaganda-Veranstaltung vorbereitet. Im Bild auch eine BMW R 51 aus dem Jahr 1938 mit dem zivilen Kennzeichen: B-50714 für Braunschweig (aus Kennzeichen für Reichsgaue bzw. kleine Länder).

Angehörige der LAH bei Instandsetzungsarbeiten an den Krädern. Im Vordergrund der Kardanwellenantrieb einer BMW-Maschine. Der in jeder Einheit vorhandene Instandsetzungstrupp hatte oft alle Hände voll zu tun, trotz Ermangelung von Ersatzteilen die Kräder wieder einsatzbereit zu machen.

Angehörige der Panzergruppe Guderian (G) beim Kartenstudium. Für die Geländeaufklärung einschließlich der Geländeerkundung waren insbesondere die Beiwagenkräder geeignet. Mit ihrer Wendigkeit im Gelände und mit ihrer kleinen Silhouette waren sie für diese Aufgaben weitaus besser geeignet, als die langsamen und geräuschstarken SPW. Links ein Zündapp-Gespann.

Auch bei diesem Gespann handelt es sich um eine belgische Beutemaschine. Im Jahr 1939 brachte die belgische Motorradfirma Sarolea ihren Typ 1000 heraus.
Die Sarolea war das erste Gespann, das ein Differenzial hatte. Eingeschaltet, konnte man mit dem Gespann dann auch in Kurven fahren.

Eine belgische Beutemaschine vom Typ FN. Die berühmte belgische Waffenfabrik Fabrique National brachte dieses Gespann im Jahr 1938 in die Armee ein. Außer drei Mann Besatzung konnte das Gespann noch 300 kg Nutzlast transportieren.

Ein seltener Anblick! Links eine BMW R 61 mit Beiwagen, gefahren von einem Kradmelder mit eigenartigem Gesichtsschutz, der ansonsten in der Wehrmacht nicht üblich war. Das vordere Schutzblech der R 61 ging bereits verloren. Dahinter ein Zündapp K 600-Gespann.

Unser Heer
Schnelle Truppen: Kradschützen auf dem Vormarsch

Feldpost N⁰ 58391 - B.

Eine weitere Feldpostkarte aus der Serie »Unser Heer«: Schnelle Truppen: Kradschützen auf dem Vormarsch. Die Feldpostnummer hat der Absender dieser Karte angebracht.

Kradmelder auf NSU-Krädern in den Straßen von Brügge nach der Kapitulation. Vorn eine NSU 351 OSL, dahinter die NSU 601 OSL.

So stellte noch im Jahr 1943 die Reichspost den beeindruckenden Angriffsschwung deutscher Kradschützen dar. Abgesehen davon, daß zu diesem Zeitpunkt die Kradschützen nicht mehr existierten, zeigt die Aufnahme ein veraltetes Krad, eine BMW R 11 aus der Mitte der 30er Jahre.

Voller Stolz lassen sich die beiden Soldaten auf ihrer requirierten Horex S 5 vor ihrem Elternhaus fotografieren. Die Maschine trägt noch das zivile Kennzeichen HH (für Reichsgaue und kleinere Länder: Hamburg) und galt als Zivilmaschine als »das Motorrad für den Sportsmann«.

Entspannung vermittelt dieses Bild im rückwärtigem Abschnitt der Front. Der Kradfahrer hat die Beine hochgelegt, sein Beifahrer widmet sich im freien Oberkörper einer Lektüre, während der Dritte im Bunde seine Knobelbecher zum Auslüften gestellt hat. Im Zentrum aber steht das mittlere Meldekrad BMW R 35.

Einige männliche Einwohner dieser Ortschaft müssen offensichtlich den Marktplatz für einen Appell deutscher Truppen reinigen. Im Vordergrund das mittlere Meldekrad BMW R 35.

Nur kurz ist der Schlaf. Dem Gegner soll keine Gelegenheit gegeben werden, seine Abwehr zu formieren. Hier sind es die Gespanne NSU 601 OSL, die als Ruheplatz dienen.

Die zahlreichen Umwegsamkeiten des weiten russischen Raumes verlangten oft viel von den Kradfahrern auf ihren nichtgeländegängigen Maschinen, wie hier auf einer BMW R 12.

Schlamm, Staub und katastrophale Wegeverhältnisse erleichtern den Krädern nicht gerade das Vorwärtskommen.

Unter den extrem tiefen Temperaturen des russischen Winters haben insbesondere die Kradfahrer auf ihren ungeschützten Maschinen zu leiden. Hier die Besatzung auf einer BMW R 12. Beachte das Kfz.-Nachtmarschgerät auf dem Beiwagen sowie die Kopfbedeckung des Kradfahrers.

Unaufhaltsam drängen deutsche Truppen in der südrussischen Steppe vor. Rechts das Meldekrad Puch S 4. Die Maschine verfügte nur über 250 ccm und zählte zu den leichten Krädern.

Der Blondgelockte und sein schweres Gespann Zündapp KS 750. Beachte die groben Profilreifen sowie das fehlende Scheinwerferglas.

Stolz zeigt der Kradmelder auf seinem Zündapp K 800-Gespann seinen militärischen Orden. Ein Kradmelder war oft das letzte Glied der Befehlsübermittlung in den vordersten Stellungen und zeichnete sich dann in vielen Situationen durch Tapferkeit aus.

Einen etwas ratlosen Eindruck vermitteln diese Kämpfer, nachdem sie das Hinterrad ihrer Zündapp KS 750 entfernt haben.

Obgleich dieses Foto sicherlich nicht von einem Berufsfotografen geschossen wurde, erkennt man das große Schutzblech, mit dem die BMW R 12 ab 1935 beim Militär eingeführt wurde.

Eine englische Norton 16 CS, die wahrscheinlich in Dünkirchen erbeutet und nunmehr als leichtes Meldekrad mit einem Wehrmachtskennzeichen versehen wurde.

Auch diese Besatzung erfreut sich offensichtlich an dem belgischen Beutekrad Rene Gillet. Dieses Gespann wurde im Ursprungsland überwiegend als Militär- und Polizeimaschine eingesetzt. Beachte das provisorische Kennzeichen und den beschädigten Scheinwerfer.

Die Kradbesatzung auf ihrem französischen Beutekrad Terrot 500 ohv hat einen längeren Marsch im staubigen Gelände hinter sich. Gegen Sandstaub schützten sie ihre Atmungsorgane mit Tüchern vor Mund und Nase. Die Gesichter zeigen die Bedingungen, unter denen die Soldaten auf ihren ungeschützten Krädern fahren mußten. Während der wochenlangen Märsche und Kampfhandlungen schluckten gerade die Kradfahrer, die aufgrund von Meldeaufträgen die Fahrzeugkolonnen mehrmals passieren mußten, den Staub der russischen Sandwege und Steppen.

Handelt es sich hier um das französische Krad Terrot 500 OHV? Wer kann eine genaue Aussage machen?

Der Kradmelder und sein Kamerad ließen sich mit der NSU 351 OSL vor den Ruinen des polnischen Kolonialwarengeschäftes fotografieren.

Beim Einsturz dieser Holzbrücke ist auch das zivile Krad mit dem Steib-Seitenwagen schwer beschädigt worden (Polen, 1940).

Das »verwaiste« Meldekrad BMW R 35 eines deutschen Kradmelders wird von einer Gefangenenkolonne passiert.

Auch diese Besatzung in ihren Drillich-Anzügen fährt eine requirierte Puch (Polen 1940).

Aufstellung des Kradschützenbataillons in Bad Kissingen 1937. Diese Aufnahme verdeutlicht den enormen Umfang an Krädern eines damaligen Kradschützenbataillons.

Ein Kradgespann, welches nicht den Wehrmachtskrädern zuzuordnen ist. Diese Polizeibesatzung hatte auf ihrem Beiwagen eine handbetriebene Sirene montiert, um im Notfall anstelle der ausgefallenen Sirenen Luftalarm geben zu können (Juli 1943).

Eine Kradschützeneinheit passiert eine russische Siedlung. Im Vordergrund das BMW R 12-Gespann mit aufgepflanztem MG 34. Die Verfolgung des Feindes war eine der Aufgaben der Kradschützen, bei der sie ihre Schnelligkeit und Beweglichkeit ihrer Beiwagenkräder ausspielen konnten.

An diesem BMW R 75-Gespann sind die Beinschützer über den Zylindern gut zu erkennen, dagegen fehlt die Scheinwerferabdeckung.

Eine Aufklärungsabteilung in Marschformation auf dem griechischen Kriegsschauplatz. Diszipliniertes Fahren und Abstand halten, um dem Gegner kein zu großes Angriffsziel zu bieten, war lebenswichtig.

Ein Kradmelder auf seiner BMW R 12 vor einem russischen Panzer. Das weiße »K« auf dem vorderen Schutzblech kennzeichnet ihn als Angehörigen der Heeresgruppe 1 (von Kleist).

Zwei restaurierte Gespanne BMW R 75 aus den Jahren 1942/43 in gelbbrauner bzw. sandfarbener Lackierung. Das Nachtmarschgerät gehörte jedoch nicht zur Standartausrüstung der Kräder. Es wurde hier sicherlich von den Liebhabern dieser Maschinen nachträglich angebracht. Dagegen mußte die Scheinwerferabdeckung entfernt werden (Meran, Italien, 1989).

Das amerikanische Kriegsmodell der Harley Davidson WLA 45 im Maßstab 1 : 9. Beachtenswert sind der Schmutzfänger, der bis in Brusthöhe des Fahrers reichte sowie die seitlich angebrachte Gewehrtasche mit Gewehr.

Der detaillierte Motorbereich der sandfarbenen Harley Davidson WLA 45. Eigenart der Harleys waren die Fußbretter anstelle von Fußrasten. Für Liebhaber von Filigranarbeiten ist dieser Modellbausatz besonders geeignet.

Das leichte englische Meldekrad Triumph in der sandfarbenen Lackierung. Das Symbol des Elefanten auf der Packtasche deutet daraufhin, daß das Original dieses Modells in Afrika eingesetzt war.

Das in schwarzer Glanzfarbe lackierte Nachkriegsmodell der BMW R 75. Das Gespann war in den 50er Jahren »das Auto des kleinen Mannes«. Bis auf die Packtaschen und den MG-Aufsatz glich diese Zivilausführung genau dem Kriegsmodell.

Hier die rechte Seitenansicht des schweren Beiwagen-Gespanns Zündapp KS 750. Das Modell wurde mit dem taktischen Zeichen der Kradschützen versehen, dem stilisierten Rad mit stilisiertem quergestellten Lenker und auf einen Geländeausschnitt (Diorama) montiert. Beachte die Packtaschen auf beiden Seiten des Beiwagens sowie das aufgesetzte MG 34. Das später berühmt gewordene MG 42 kam bei den Kradschützen nicht mehr zum Einsatz.

Die linke Seitenansicht des schweren Zündapp-Gespanns KS 750 im dunkelgrauen Farbanstrich und diversem Zubehör, u.a. auch der Karabiner 98 k des Fahrers.

Das schwere Kradschützen-Gespann BMW R 75 mit aufgesetztem MG 34 in dunkelgrauem Anstrich. Die schwarzen Gummifaltenbälge an der Vorderradgabel deuten darauf hin, das als Vorlage für dieses Modell das Original aus den Jahren 1942/43 genommen wurde.

Die persönliche Ausrüstung eines Kradmelders. Hierzu zählten neben Kochgeschirr und Feldflasche auch eine leichte Panzerfaust. Die ESCI-Bausätze zeichnen sich durch eine Fülle von Zubehör aus.

Für den Sammler

Militärmotorräder im Modell

Auch die Modellbaubranche bringt seit Jahren einige der interessantesten Kräder im Maßstab 1 : 9 auf den Markt. Für den Liebhaber dieser historischen Modelle stehen dabei nicht nur Bausätze deutscher Kräder zur Verfügung. Insgesamt vertreibt der Modellhersteller ESCI in dem o.a. Maßstab folgende Bausätze:

BMW R 75 mit Beiwagen
BMW R 75 solo
Zündapp KS 750 mit Beiwagen
Zündapp KS 750 solo
Harley Davidson WLA 45 solo
Triumph

Die Bausätze sind mit einer Vielzahl von persönlichen Ausrüstungsgegenständen des Kradfahrers und diversem Zubehör ausgestattet. Detaillierte Bauabschnitte im Bereich der Vorderradgabel, der Schaltgestänge für Straßen- und Geländegänge, des separaten Antriebs für den Beiwagen usw. gewähren einen ausgezeichneten Einblick in den Aufbau und den Mechanismus insbesondere der deutschen Beiwagenkräder. Wahlweise können die Gespanne auch mit dem sogenannten »Tropenluftfilter« oder mit einer Fußrastenheizung für den Winterbetrieb angefertigt werden. Die BMW-Kräder verfügen über eine federndgelagerte Vorderradgabel mit Gummifaltenbälge, wie sie auch am Original ab dem Baujahr 1942/43 vorhanden waren. Auch die Scheinwerferabdeckung ist sehr gut herausgearbeitet. Die Packtaschen am Krad und an den beiden Seiten des Beiwagens sind abnehmbar. Der Beiwagen kann wahlweise mit bzw. ohne MG-Halterung und MG angefertig werden.
Wie bereits erwähnt, sind die BMW- und die Zündapp-Bausätze auch als Solomaschinen erhältlich. Als Original-Kräder wurden jedoch beide Typen ausschließlich mit Beiwagen zum Einsatz gebracht. Als Solokräder wirken diese Modelle in der Tat »amputiert«, da an der Hinterachse der Anschluß für die Antriebswelle des rechts anzuschließenden Beiwagens zwar vorhanden ist, dieser Beiwagen jedoch am Modell fehlt. Dennoch werden auch diese beiden deutschen Solokräder hier vorgestellt.
Nicht weniger interessant anzuschauen sind die beiden Modelle Harley Davidson WLA 45 und die Triumph. Auch diese Bausätze verfügen über diverse Einzelteile und viel Zubehör. Im Bereich der typischen Harley-Fußrastenbretter befinden sich mehrere Schalthebel. Die an der Vorderradgabel angebrachte Gewehrtasche enthält einen Karabiner. Dagegen erweckt die Triumph mit ihrem Rohrrahmengestell und den großen Speichenrädern eher einen zerbrechlichen Eindruck.
Den Abschluß dieser Modell-Vorstellung bildet das deutsche Beiwagen-Gespann BMW R 75 in Zivilausführung. Kriegselefant wurde es nach 1945 genannt. Es war zu dieser Zeit bis weit nach 1950 das Auto des kleinen Mannes. Heute haben diese Raritäten auf unseren Straßen Seltenheitswert. Wenn überhaupt, werden sie von ihren Besitzern nur bei idealen Wetterbedingungen gefahren.

Danke!

Das Zusammentragen von über 250 Dokumentaraufnahmen 47 Jahre nach Kriegsende wäre mir ohne fremde Hilfe nicht möglich gewesen. Freunde, Bekannte, Geschwister, Kollegen und fremde Mitmenschen haben dankenswerterweise dazu beigetragen, dieses Ziel zu erreichen. Ob es die Archivare in den Bibliotheken waren, die mir ihre Unterstützung angeboten haben oder die Redaktionsmitglieder von Tageszeitungen, die meine Suchanzeigen nach entsprechenden Fotos bereitwillig veröffentlichen, ihnen allen gilt mein Dank.

Im einzelnen stellten Fotos und Dokumente zur Verfügung:
Bildarchiv Preußischer Kulturbesitz, BMW AG, Karl Heinz Denzler, Eugen Dürr, Gerhard Elser, Reinhard Frank, Henry Hoppe, Gerhard Kesenhagen, Johanna Klattkowski, Dr. Hans Kohler, Werner Kritter, Munin Verlag, NSU GmbH, Konrad Oberhardt, Horst Scheibert, Joachim Schwaar, Elisabet Serwatzki, Leonhard Spohrer, Hans Sievers u.a.

Mein besonderer Dank gilt Herrn Dr. Hans Kohler aus Neckarsulm. Herr Dr. Kohler stand mir während meiner über einjährigen Fotorecherchen mit unzähligen Tips und Hinweisen zur Seite, obwohl wir uns bis heute noch nicht von Angesicht zu Angesicht gegenüberstanden. Diese Hilfsbereitschaft erachte ich als besonders erwähnenswert.
Ich würde mich sehr freuen, wenn mir diese Unterstützung auch weiterhin zuteil werden könnte, da ich bei entsprechendem Fotomaterial eine Erweiterung des Buches beabsichtige. Sicherlich »schlummern« in vielen privaten Fotoalben zahlreiche Aufnahmen von Krädern und ihren Fahrern, die es wert sind, einmal veröffentlicht zu werden.

Quellennachweis:
Panzergrenadiere, Kradschützen und Panzeraufklärer von Horst Scheibert, PODZUN-PALLAS-Verlag, Friedberg/H. 3
Motorrad Classic, Heft 2/93
BMW — Eine deutsche Geschichte, R. Piper GmbH & Co. KG, München
Deutsche Panzergrenadiere, Verlag E.S. Mittler & Sohn GmbH, Herford
Lastkraftwagen der Wehrmacht von Reinhard Frank, PODZUN-PALLAS-Verlag